佐藤春夫詩選

사토 하루오 시선

〈지식을만드는지식 고전선집〉은
인류의 유산으로 남을 만한 작품만을 선정합니다.
읽을 수 없는 고전이 없도록 세상의 모든 고전을 출판합니다.
오랜 시간 그 작품을 연구한 전문가가
정확한 번역, 전문적인 해설, 풍부한 작가 소개, 친절한 주석을
제공합니다.

佐藤春夫詩選

사토 하루오 시선

사토 하루오(佐藤春夫) 지음

노윤지 옮김

대한민국, 서울, 지식을만드는지식, 2025

편집자 일러두기

- 이 책은 다음의 책을 원전으로 삼아 번역했습니다. 모두 원저자가 직접 발표한 것입니다.
  《순정시집(殉情詩集)》 신초샤(新潮社), 1921.
  《나의 1922년(我が一九二二年)》 신초샤(新潮社), 1923.
  《사토 하루오 시집(佐藤春夫詩集)》 다이이치쇼보(第一書房), 1926.
  《마녀(魔女)》 에스테르샤(以士帖印社), 1931.
  《한담반일(閑談半日)》 하쿠스이샤(白水社), 1934.
  《작은 정원의 노래(小園歌)》 노다쇼보(野田書房), 1936.
  《참빗살나무 선집(まゆみ抄)》 신슈도(信修堂), 1948.
  《서정신집(抒情新集)》 고가쿠샤(好學社), 1949.
  《사토 하루오 전 시집(佐藤春夫全詩集)》 소겐샤(創元社), 1952.
- 주석, 해설, 지은이 소개는 독자의 이해를 돕기 위해 모두 옮긴이가 작성한 것입니다.
- 시행의 모양은 원전을 따랐습니다. 다만 시의 한 행이 길어 한 줄을 넘어갈 경우에는 내어쓰기로 표시했습니다.
- 한 편의 시나 단편소설 등 짧은 글은 〈 〉로, 한 권의 시집, 단행본 등은 《 》로 표시했습니다.
- 한글에 한자를 병기할 때 괄호 안의 말과 바깥 말의 독음이 다르면 [ ]를 사용하고, 번역어의 원문을 표시할 때는 ( )를 사용했습니다. 괄호가 중복될 때에도 [ ]를 사용했습니다.
- 한, 두, 세 등으로 읽히는 숫자는 한글로, 일, 이, 삼 등으로 읽힐 때는 세 자리까지 아라비아 숫자로 적고, 천, 만 등의 단위는 한글로 적었습니다. 시간과 날짜는 모두 아라비아 숫자로,

관용적인 표현은 한글로 했습니다.

- 원문 표기는 모두 원전에 따랐습니다. 원전 출간 당시는 일본어의 약자가 사용되기 전으로, 정자로 적힌 것은 정자로 표기하되, 원저자가 약자로 적은 것은 약자로 했습니다. 해설과 주석, 부록의 원어 병기는 시점을 기준으로 적었습니다.
- 원문의 굵은 글씨체는 가독성을 위해 한글 번역 시에서는 고딕체로 옮겼습니다.
- 원문의 「 」는 일본어 가독성을 위해 원전 그대로 사용하되 번역 시에서는 한국어 어법과 교정 원칙에 따라 " ", ' ', 〈 〉 등으로 했습니다. 원문의 문장부호 역시 원전을 따르되, 한글 번역 시에서는 원전을 크게 벗어나지 않는 한에서 한글 어법 및 교정 원칙에 따라 적었습니다. 원문의 ……은 번역 시에서 …로 줄여서 썼습니다.
- 원문의 띄어쓰기 역시 원전에 따른 것입니다.
- 외래어 표기는 현행 한글 어문 규범의 외래어 표기법을 따랐습니다.

차 례

초기 시(初期詩)

사토 하루오 전 시집(佐藤春夫全詩集)

순정시집(殉情詩集)

나의 1922년(我が一九二二年)

사토 하루오 시집(佐藤春夫詩集)

마녀(魔女)

한담반일(閑談半日)

작은 정원의 노래(小園歌)

참빗살나무 선집(まゆみ抄)

서정신집(抒情新集)

사토 하루오(佐藤春夫, 1892~1964)
《문화인의 프로필(文化人のプロフィル)》 후지필름, 1950.
일본국립국회도서관 디지털 컬렉션

다이쇼 시대를 대표하는
서정시인 사토 하루오.
일본 고전 시가의 정신과 아름다움을 계승한 언어로
시단에 새로운 감정과 사상을 일으키며
"일본의 하이네"로 존칭되었다.

초기 시(初期詩)

사토 하루오 전 시집(佐藤春夫全詩集)

어리석은 자의 죽음

1911년 1월 23일
오이시 세이노스케*가 살해되었다.

진정으로 엄숙한 다수의 규약을
배반하는 자는 죽어야 하는가.

죽음을 걸고 놀이를 생각하며,
민속의 역사를 알지 못하고,
일본인이 아닌 자
어리석은 자는 죽임을 당하였네.

"거짓에서 비롯된 진실이다."
교수대 위의 한마디 그 어리석음을 극단으로 내몬다.

* 오이시 세이노스케(大石誠之助, 1867~1911) : 의사, 사회주의자.

나의 고향은 기슈의 신구.
그의 고향도 우리 마을.

듣자 하니, 그의 고향이자 나의 고향인
기슈 신구의 마을은 두려워하고 있다고,
과연 상인들의 마을은 탄식하고 있을 테지,

ㅡ마을 사람들이여 조심하라.
교사들은 국가의 역사를 더욱더 확립하라.

愚者の死

千九百十一年一月二十三日
大石誠之助は殺されたり。

げに厳粛なる多數者の規約を
裏切る者は殺さるべきかな。

死を賭して遊戯を思ひ、
民俗の歴史を知らず、

日本人ならざる者
愚なる者は殺されたり。

「僞より出でし眞實なり」と
絞首臺上の一語その愚を極む。

われの鄕里は紀州新宮。
渠の鄕里もわれの町。

聞く、渠が鄕里にして、わが鄕里なる
紀州新宮の町は恐懼せりと。
うべさかしかる商人の町は歎かん、

——町民は愼めよ。
教師らは國の歴史を更にまた說けよ。

분노

너무나 괴로워,
반쯤은 의식이 있는 채로 바닥에 쓰러졌더니,
옆 의자에 앉아 있던 친구가 다가와
—어떻게 할까, 물을 줄까,
측은한 듯 말하는 것이다.
술에 잔뜩 취한 자는 완강하게 손을 저으며
매섭게 그 얼굴을 쳐다보았지만
친구는 아무 일도 아닌
어떤 일에도 마음이 괴롭지 않은 사람처럼 보였다,
눈을 돌려 주위를 살펴보니
사람들은 한가하게 웃으며 이야기를 나누고 있었다.
아아, 어리석은 자에게 승리의 기색을 보다니,
취한 자는 주먹을 들어 힘껏 바닥을 내리쳤다.
친구는 비웃으며 자리로 돌아가고
사람들이 흘끗 보기도 했지만
신경 쓰지 않고 아무 일 없다는 듯 웃기만 하고 있네.

憤

あまりに身の悲しく、
半ばは意識して床の上に倒れしに、
傍の椅子にありし友來りて
――いかにせしや、水を與へんと、
憫むがごとく云ふなり。
泥醉者は強く手もて拒みつつ
するどくその顔を見上げしが
友は面に自ら足へるのさまして
心、何事をも苦しまざるものの如し、
眼の轉じて周圍を見れば
人人のどかにうち笑ひ相語るなり。
ああ、愚者に勝利の色を見るか、
泥醉者は拳を上げてしたたかに床を打ちぬ。
友は嘲笑ひて座にかへり
人人はちらと視線をあつめしが
心にも止めずまた事なげに笑ひつづけぬ。

휘파람새

소년에게 보낸 봄의 노래

아, 봄밤의 아름다움이
내 모습보다 뛰어난가.
아, 봄밤의 아름다움이
내가 하는 사랑과 비슷한가.
그대에게 전하려는 듯 휘파람새가
내 고통을 있는 그대로
무엇을 노래하는 것인가 깊은 봄밤을.

うぐひす

をとめの男におくりし春のうた

ああ春の夜のうつくしさ
わがすがたにもまさるかな。
ああ春の夜のうつくしさ
わがする戀に似たるかな。

君をききませうぐひすの
わがうれひをばさながらに
なにうたふらん春の夜ふけを。

시

《차라투스트라는 이렇게 말했다》와 《톨스토이 어록》의 번역자에게 감사를 전한다

인간이여,
우리 모두가 손에 쥐고,
또 마음속에 품고 있는,
시계나 책이나 대학 같은 것들,
또는 옷이나 잔 같은 것들,
모든 것을 바다 밑에 던져 버려라.
해가 뜨는 것은 잠시, 해가 지면 저녁이 찾아온다.
피부야말로 아름다운 옷이 아닌가.
봄이 오면 흙 위에 다시 꽃이 필 것이다.
책은 사상의 발전을 방해한다.
진리는 웃음과 걸음 사이에서만 얻어질 수 있다.
술은 손바닥을 움푹하게 만들어 떠야 한다.
여성은 뛰어난 남성을 위해
나무 그늘에 마른 풀을 깔아 두어라.

거기에는 귀부인 같은 자가 없어야 한다.
인간이여,
어서 나쁜 잠에서 깨어나라.
모든 열매 없는 꽃잎을 버리고
우리 모두는 먼저 짐승에게 배워야 한다.
정말로 그들이 하는 대로
우리는 모두 먼저 방종과 단순함으로
위대한 신을 두려워하고 놀라며 사랑하자,
이성을 사랑하고 자신을 사랑하며
나에게 해를 끼치는 자를 상처 주자.
인간이여,
태양과 같은 방종과 단순함을
우리가 짐승에게 배워야 한다.

우리는 이제 인간으로부터 지쳤다.
더구나 오늘날의 우리를 생각하면
짐승이야말로 신의 뜻에 더 따르는 존재라 믿어진다.
〈창세기〉에 말하듯이
우리 모두는 조상의 충동적인 생각에
짐승이 되지 못하고 이처럼 인간으로 타락했음을 생각

하라.

詩

「ツァラストウストラ」及び「トルストイ語錄」の譯者に感謝す

人間よ、
われら一同が手にもてる、
またこころにもてる、
時計や書物や大學の如き、
または衣服をも杯をも、
あらゆるものを海底に投げ捨てよ。
日の出づるは旦なり。日の傾くは夕なり
皮膚は美しき衣服にあらずや。
春くれば土のごとくそこにまた花咲かん。
書籍は思想の發展をさまたぐ。
眞理は哄笑と歩行との間にのみ得らるべく、
酒は掌をくぼめて掬へ。
女性はすぐれた男性のために
木かげに枯草の床を敷け。
そこに貴婦人と云ふが如き者なかるべし。

人間よ、

いざ疾く悪しき眠りより醒めよ。

すべての無果花の葉を捨てて

われら一同は先づ獸に學ぶに若かず。

まことにかれらのするがごとく

われら一同は先づ放縱單純とをもて

偉大なる神を怕れ驚き且つ愛せん、

異性を愛しわれを愛し

われを害ふものを傷けん。

人間よ、

日輪の如き放縱と單純とは

われら一同これを獸に學ぶべきなり。

われらは今人間に飽きしなり。

加之、けふのわれら一同を思へば

獸こそ遙に神の意に協へるを信ずるなれ。

蓋し創生記に云ふごとく

われら一同は祖先の出來心のために

獸となるを得ずして斯く人間に墮ちしを思へ。

친구에게

잔이 넘치려고 하는데, 그대들은 왜 마시지 않는가. ―프리드리히 니체

기쁨은 타오르는 불꽃의 순간일 뿐.
슬픔은 재처럼 오래 지속되느니.

순간의 생명을 아껴라.
긴 생명을 사랑하라.

젊은 날은 끝없는 기쁨을 위해.
늙은 날은 끝없는 슬픔을 위해.

잘 기뻐하는 자만이 잘 슬퍼할 수 있다.
깊은 기쁨은 깊은 슬픔의 어머니다.

순간의 생명으로 살아라.
긴 생명을 살려라.

친구여, 이제 젊은 날의 잔을 아낌없이 비워 버려라,
늙은 날의 끝없는 슬픔을 위해.

友に

杯は溢れんとす、汝ら何が故に飲まざるか。
―フリィドリッヒ・ニイチェ

よろこびは燃ゆる火の束の間のみ。
かなしみは灰のごとく久しきかな。

束の間のいのちを惜しめ。
久しきいのちを愛でよ。

若き日はきわみなきよろこびのため。
老の日はかぎりなきかなしみのため。

よくよろこぶもののみよくかなしむ、
いと深きよろこびはいと深きかなしみの母。

束の間のいのちに生きよ。
久しきのいのちを生かせ。

友よいざ若き日の杯を盡せかし、
老の日のかぎりなきかなしみのため。

어느 밤의 기도

나는 거만한 척 말했지만
사실은 아무것도 알지 못한다
나는 하늘과 땅의 그림자일 뿐
풀과 벌레와 같은 존재
물고기와 새와 산과 하늘과 나무와 같다
신이시여, 이제 나는 보잘것없는 자만심을 버리고
크고 위대한 기쁨을 깨닫게 되었다.

자, 구름처럼, 비처럼, 바람처럼
하늘과 땅의 슬픔을 슬퍼하고
또는 그 기쁨을 기뻐하도록
아이처럼, 바다처럼, 짐승처럼
나 자신을 비워 순수한 마음으로 되돌려주기를
신이시여, 이제 나는 당신의 종이 되리라.

ある夜の祈願

われさかしげにものを言ひき
されどわれまことに何ごとをか知らん
われはあめつちの影の影のみ
草にひとしく蟲にひとしく
魚に鳥に山に空に木にひとし
神よ、いまにしてわれ小さき誇をすてて
いと大なる誇を知りぬ。

いざ雲のごとく雨のごとく風のごとく
あめつちのかなしみをかなしむべく
またはそのよろこびをよろこぶべく
幼兒のごとく海のごとく獸のごとく
わが身をもいとすなほなる心にかへせ
神よ、いまにしてわれ君がしもべなり。

샘과 소녀

샘이여, 샘이여, 물의 춤이여,
잔에 넘쳐흐르는 산의 술이여,
연주하는 요정의 노래에 맞추어,
아름다운 꽃그늘에서 춤추며,
너는 동화의 그리움으로
자주 소년의 꿈을 꾀어낸다.

소녀여, 소녀여, 나의 샘이여,
마음속에 샘을 품고 있는 소녀여,
너는 뜻밖의 만남으로
나를 소년의 꿈으로 돌려보낸다
어째서 내가 건져 올리는 손 안에 들어와도
슬픈 여행자인 나를 위로하지 않는 것일까.

(ㅡ에게)

泉と少女

泉よ、泉よ、水の舞踏よ、
杯にあふれ出づる山の酒よ、
奏づる妖精の歌にあはせて、
よき花かげにをどりいでつつ、
汝はメルヘンのなつかしさもて
しばしば少年の夢をいざなふ。

少女よ、少女よ、われの泉よ、
心に泉をもてる少女よ、
汝はゆくりなきめぐりあひに
われを少年の夢にかへしき
なぞとくはわが掬ぶ手にまろびきて
かなしき旅人なるわれを勞らざる。

(——に)

눈

산정 호수에
어둠이 빈틈없이 가득 차
어느새 밤이 되어 갈 무렵
바람이 조용히 발끝으로
물 표면을 미끄러지듯 지나가면
눈은 무겁게 내리기 시작하네

충치처럼 한숨을 내쉬며
눈은 고요히 쌓여 가네
소리는 없지만 아주 분명하게
눈은 형태 없이 쌓여 가네
(마음의 바닥을 응시하면)
산정 호수에
눈이 쌓이네 밤을 가득 담아

雪

山の上なる湖に
闇すきまなくひしめきて
いつしか夜となれるころ
しのび足して風はまづ
水のおもてをすべりゆけば
雪はおもたくふりいでぬ

齲歯のごとく吐息して
雪はしんしんふりつもる
音なくされどいとたしかに
雪は形なくふりつもる
(こころの底を凝視むれば)
山の上なる湖に
雪つもるなり夜をこめて

순정시집(殉情詩集)

물가 달밤의 노래

애절한 사랑을 하기에
달빛이 차갑게 몸에 스며드네.
비애의 슬픔을 알기에
물빛이 슬프게 느껴지네.
내 몸을 물거품처럼 덧없는 것이라 생각해도
덧없지 않은 나의 생각.
참으로 비참한 나일지라도
슬픔은 맑으니, 당신 덕분에.

水邊月夜の歌

せつなき戀をするゆゑに
月かげさむく身にぞ沁む。
もののあはれを知るゆゑに
水のひかりぞなげかるる。
身をうたかたとおもふとも
うたかたならじわが思ひ。

げにいやしかるわれながら
うれひは清し、君ゆゑに。

어느 날 남에게 주고

짝사랑을 하는 것은 아니지만
내가 얻은 것은 오직 마음속의 아내뿐
마음속 아내를 마음에 품고
잠들지 못한 채 겨울밤을 지새우네.
현실보다 슬프고
꿈보다 무서운 꿈.
마음속의 아내를 다른 이에게 안겨 주고
몸도 혼도 떨며
겨울밤 나 홀로 잠드네.

或るとき人に與へて

片こひの身にしあらねど
わが得しはただこころ妻
こころ妻こころにいだき
いねがてのわが冬の夜ぞ。
うつつよりはかなしうつつ

ゆめよりもおそろしき夢。
こころ妻ひとにだかせて
身も靈もをののきふるひ
冬の夜のわがひとり寢ぞ。

또 어느 날 남에게 주고

참으로 깊은 그리움이 있다면
이별의 마음을 잊지 말고,
흘러내리는 눈물은 그저 숨겨라,
아련한 것들이야말로 슬픔이구나.
보잘것없는 존재라 여기지 말고,
낮에는 낮이라 잊어버리더라도
잠 못 드는 깊은 밤에는 생각하라.

また或るとき人に與へて

しんじつふかき戀あらば
わかれのこころな忘れそ、
おつるなみだはただ秘めよ、
ほのかなるこそ吐息なれ、
數ならぬ身といふなかれ、
ひるはひるゆゑわするとも
ねざめの夜半におもへかし。

해변의 사랑

흩어진 솔잎을 모으는
소녀 같은 너였다,
흩어진 솔잎에 불을 붙이던
아이 같던 나였다.

아이와 소녀가 서로 가까이하며
오직 잠깐의 불꽃을 둘러싸고,
기쁘게 둘이 손을 잡으며
헛된 것들을 꿈꾸었네,

노을 속에 피어오르는 연기
있는 듯 없는 듯 희미하게만 보이고,
해변의 사랑이 덧없는 것이
흩어진 솔잎의 불꽃 같구나.

海邊の戀

こぼれ松葉をかきあつめ
をとめのごとき君なりき、
こぼれ松葉に火をはなち
わらべのごときわれなりき。

わらべとをとめよりそひぬ
ただたまゆらの火をかこみ、
うれしくふたり手をとりぬ
かひなきことをただ夢み、

入り日のなかに立つけぶり
ありやなしやとただほのか、
海べのこひのはかなさは
こぼれ松葉の火なりけむ。

단장

헤매다 보니 가을 들풀 하나
홀로 남아 피어 있네,
그 모습 떠올라 그리워져서
꺾으려 하니 괴로워, 꽃은 지고 말았네.

斷章

さまよひくれば秋ぐさの
一つのこりて咲きにけり、
おもかげ見えてなつかしく
手折ればくるし、花ちりぬ。

거문고 노래

> 불어오는 바람에 소식을 전하고 싶지만
> 의미 없는 들판에 떨어질까 두렵네
> ―《료진히쇼》*

이토록 깊은 사랑일 줄은
나 자신도 알지 못했네,
날이 갈수록 더욱 깊어지는
이 미련을 무엇으로 전할까.

부는 바람에 소식을 띄우려고
편지로 써 보지만 소용이 없네,
흘러간 노래처럼
의미 없는 들판에 떨어진다네.

* 헤이안 시대 가요집.

琴うた

吹く風に消息をだにつけばやと思へども
よしなき野べに落ちもこそすれ
—梁塵秘抄

かくまでふかき戀慕とは
わが身ながらに知らざりき、
日をふるままにいやまさる
みれんを何にかよはせむ。

空ふくかぜにつけばやと
ふみ書きみれどかひなしや、
むかしのうたをさながらに
よしなき野べにおつるとぞ。

먼 훗날에

무정하지 않았더라면 좋았을걸
하늘에 맡기고 잊어버렸을 텐데,
몇 번이나 짜냈던가
소매여, 슬픈 소매여.

슬픔이 점점 더 쌓여 가지만
옷소매는 젖어도 다시 마르니
어제의 소매에 다시 물어보겠다
오늘도 여전히 젖어 있는가를.

後の日に

つれなかりせばなか／＼に
そらにわすれて過ぎなまし、
そもいくそたびしぼりけむ
たもとせつなしかのたもと。

せつなさわれにつもるとも
沾ぢてはかわくものなれば
昨日のたもとにこと問はむ
ぬるるやいかにけふもなほ。

사랑하는 이여

사랑하는 이여, 허무하지 않은가
아름다운 그대 가슴도
참으로 달콤한 그 입술도
손을 마주 잡고 눈물 흘렸던 맹세도
오늘의 나의 슬픔도
향기는 내일이면 사라지고
다시 만날 날조차 알 수 없으니
사랑하는 이여, 지상의 것들은
슬프고 허무하지 않겠는가.

よきひとよ

よきひとよ、はかなからずや
うつくしきなれが乳ぶさも
いとあまきそのくちびるも
手をとりて泣けるちかひも
わがけふのかかるなげきも

うつり香の明日はきえつつ
めぐりあふ後さへ知らず
よきひとよ、地上のものは
切なくもはかなからずや。

마음이 통하지 않는 날에

남에게 마음을 보여도
진심으로 함께 슬퍼할 사람이 없고,
마음의 상처가 피를 뿜어도
아아 소리 내 부를 사람이 없네.
참으로 견디기 어려운 것은 사랑이요
고통스러운 것은 마음이네,
마음은 애틋하지만, 어쩔 도리가 없고,
손으로 잡을 수 없고 눈으로 볼 수가 없네.

こころ通はざる日に

こころを人にさらせども
げにもとなげく人ぞなき、
こころのいたで血を噴けど
あなやと叫ぶ人ぞなき。
すまじきものは戀にして
苦しきものぞこころなる、

こころはいとし、すべもなし、
手にはとられず目には見られず。

눈물

땅속의 불씨가 타오르듯 눈물이 끓어오르는 소리 ―바쇼

때로는 처마 끝에서 피어나는 연기,
때로는 배수관을 흐르는 물소리,
때로는 내 눈에서 솟아나는 눈물.
이것이 운명이라 깨닫기에,
어쩔 수 없는 것임을 알면서도,
멈추려 해도 멈추지 않는 것이라,
슬픔과 애처로움이 가느다랗게,
한 가닥의 줄기로 흐르는구나.

なみだ

埋火もきゆや泪の烹る音　芭蕉

あるはのきばゆたつけぶり、

あるは樋をゆくたにのみづ、
あるはわが目にわくなみだ。
これをさだめとさとるゆゑ、
ぜひなきものと知るらめど、
とめてとまらぬものなれば、
せつなやあはれほそぼそと、
ひとすぢにこそながるらし。

슬픈 초상

꺾어 달라 하기에
장미를 꺾어 건네주었더니,
무심히 그것을 엉망으로
망가뜨렸다.
그래서 화를 냈더니
놀란 눈을 크게 뜨고,
그 부서진 꽃잎들을
살며시 내 손 위에 올려놓았다.
눈은 눈물이 그렁그렁 고여서 웃고
입은 웃고 뺨은 울고 있네.
당황한 표정의
이 모나리자는 마치 어린 소녀 같구나.

感傷肖像

摘めといふから

ばらをつんでわたしたら、
無心でそれをめちやめちやに
もぎくだいてゐる。
それで、おこつたら
おどろいた目を見ひらいて、
そのこなごなの花びらを
そつと私の手にのせた。
その目は涙ぐんで笑ひ
その口は笑つて頬は泣いてゐる。
表情の戸まよひした
このモナリザはまるで小娘だ。

애틋한 풍경

당신과 나는 마주 보고 걸터앉아,

당신은 눈이 부신 듯 서쪽의 산을 바라보고,

나는 멍하니 동쪽의 바다를 바라보네,

그러나 우리는 웃으며 같은 마음을 즐기고 있네.

옛날 어느 집의 환한 발코니에서.

아무것도 모르는 집주인에게는 좋은 풍경을 칭찬하고,

우리는 서로의 눈 속에서 흘깃흘깃 즐거움을 찾네.

사랑하는 이의 눈이여, 그것은 얼마나 아름다운 우주일까.

정말로 당신의 그 눈만큼 아름다운 경치나 꽃이 어디에 있을까…

아아, 생각하지 말자. 우리는 정원의 코스모스보다 연약하고,

행복은 탁상 위에서 사라진 새 그림자보다 더 희미하고 헛된 것,

슬픔은 오래도록 마음속에 남아 있다. 새로 지은 산장처럼.

부드러운 햇살 속에
지금 한 번, 아아, 지금 딱 한 번만 더
희미하게라도 말해 주기를,
나를 그리워한다고.

기타하라 하쿠슈 〈단장〉 25

感傷風景

あなたとわたしとは向ひあつて腰をかけ、
あなたはまぶしげに西の方の山をのぞみ、
わたしはうつとりと東の方の海をうかがひ、
然しふたりはにこにこして同じ思ひを樂しむ。
とありし日のとある家の明るいバルコン。
何も知らない家の主人にはよき風景をほめ、
ふたりはちらちらとお互の目のなかを樂しむ。
戀人の目よそれはまあ何といふ美しい宇宙だらう。
全くあなたのその目ほどの眺めも花もどこにあらう……
おお、思ひ出すまい。ふたりは庭のコスモスより弱く、
幸福は卓上につと消えた鳥かげよりも淡く儚く、

歎きは永く心に建てられた。あの新築の山荘のやうに。

柔かきかかる日の光のなかに
いまひとたび、あはれ、いまひとたび
ほのかにも洩したまひね、
われを戀ふと。

北原白秋「斷章」二十五

한탄

1

기슈의 5월 중순
참나무 신록 짙은 그늘 아래
희미하게 흐린 냇가
들장미꽃 한 무리가
남몰래 하얗게 피어 있구나,
가만히 서서 생각에 잠긴 눈으로
작은 눈물이 어린 듯한
순수한 꽃을 보면
사랑하는 이의 한숨을 듣는 듯하다.

2

버드나무 새순은 부드럽게 한숨을 쉬고
키가 큰 어린 오동나무는 근심하며
삼나무는 어두운 곳에 감추어진 지울 수 없는 슬픔을 숨기고
동백잎은 햇빛 아래에서 격렬히 흐느껴 운다…

3

문득 어디선가 네 목소리가 들려온다
백합꽃 향기처럼 네 목소리가 들려온다.

4

슬픔에 잠겨 황혼의 산을 올랐다.
슬픔에 잠겨 산에 섰다.
슬픔에 잠겨 산을 내려왔다.

5

감귤밭에 와서 보면
연약한 가지에 여름 감귤이
즐거운 듯
커다란 열매를 떠받치고 있다.
나도 떠받치고 싶다
견디기 힘든 무거운 슬픔을
내 사랑의 열매를.

6

고향의 감귤 산을 걸어 보아도

낫지 않는 슬픔은 누구에게서 온 것일까.

7

멀리 떨어져 다시 만나기 어려운 사람을 생각하는 날
에

나는 진정한 사랑을 배우게 되었다

그것은 구할 수 없는 사랑이다

그것은 신앙심이 깊은 소녀가 기도를 하지 않는 날에
도

성모 마리아상 앞에서 손가락을 포개는 마음이다.

8

죽으려고 하는 것은 아니지만

눈물이 흘러 멈출 수 없어

혼자서 서성이며

바다의 새벽과 저녁을 맞이하며

―그저 푸르고 먼 곳은

예를 들면 오래된 추억

파도가 밀려오는 가까운 해변은
오늘의 내 마음과 같구나.

ためいき

一

紀の國の五月なかばは
椎の木のくらき下かげ
うす濁るながれのほとり
野うばらの花のひとむれ
人知れず白くさくなり、
佇みてものおもふ目に
小さなるなみだもろげの
素直なる花をし見れば
戀人のためいきを聞くここちるすかな。

二

柳の芽はやはらかく吐息して
丈高くわかき梧桐はうれひたり
杉は暗くして消しがたき憂愁を秘め

椿の葉日の光にはげしくすすり泣く……

三

ふといづこよりともなく君が聲す
百合の花の匂ひのごとく君が聲す。

四

なげきつつ黄昏の山をのぼりき。
なげきつつ山に立ちにき。
なげきつつ山をくだりき。

五

蜜柑ばたけに來て見れば
か弱き枝の夏蜜柑
たのしげに
大なる實をささへたり。
われもささへん
たへがたき重き愁を
わが戀の實を。

六

ふるさとの柑子の山をあゆめども

癒えぬなげきは誰がたまひけむ。

七

遠く離れてまた得難き人を思ふ日にありて
われは心からなるまことの愛を學び得たり
そは求むるところなき愛なり
そは信ふかき少女の願ふことなき日も
聖母マリアの像の前に指を組む心なり。

八

死なんといふにあらねども
涙ながれてやみがたく
ひとり出て佇みぬ
海の明け方海の暮れがた
——ただ青くとほきあたりは
たとふればふるき思ひ出
波よする近きなぎさは
けふの日のわれのこころぞ。

소년의 날

1

들판을 지나 산을 지나 바다로 가며
한낮의 언덕에 꽃을 깔고
둥근 눈망울의 너를 위해서
슬픔은 하늘보다 더 푸르네.

2

그림자가 큰 숲을 따라가고
꿈을 품은 눈동자를 사랑하고
따스한 한낮의 언덕에서
꽃을 깐다네, 애처로운 젊은 날.

3

그대의 눈동자는 순수하고
그대의 마음은 알기 어렵네.
그대를 떠나 나 홀로
달빛 비치는 바다에 돌을 던진다네.

4

그대는 매일 밤 뜨개질을 하고
은바늘로 뜨는 실은
검은 실과 붉은 실
그 램프의 아래에는 누가 있는지.

少年の日

1

野ゆき山ゆき海邊ゆき
眞ひるの丘べ花を敷き
つぶら瞳の君ゆゑに
うれひは青し空よりも。

2

影おほき林をたどり
夢ふかき瞳を戀ひ
あたたかき眞晝の丘べ
花を敷き、あはれ若き日。

3

君が瞳はつぶらにて
君が心は知りがたし。
君をはなれて唯ひとり
月夜の海に石を投ぐ。

4

君は夜な夜な毛糸編む
銀の編み棒に編糸は
かぐろなる糸あかき糸
そのラムプ敷き誰がものぞ。

노래 두 곡

남자의 노래

외로운 사람인가 초승달만이, 새벽녘 바다에 남아 있구나.

여자의 노래

거울 속 흐릿한 내 한숨이, 저녁에는 달무리가 되네.

옛날, 어떤 사람이 언제 남긴 것일까
이런 사랑의 비밀스러운 노래를 남겨 놓았네.

진실로 사랑하는 사이라면, 아내도 자식도 무슨 상관이 있겠나 하지만,

그렇게 생각해도, 어쩔 수 없는 이 마음에 베개를 적시네,

애달프게도 허락해 주기를 바라네, 잊지 말자며, 서로, 오늘을.

울지만 어쩔 도리가 없네, 진정 사랑하는 사람이기에

피를 흘리더라도 함께하고 싶다고, 그렇게 생각해도.

포기하려고 해도 끝내 잊지 못하고, 그 모습. 꿈속에서 만나

꿈에서 깨어나면, 아아 나의 몸, 나의 세상, 이 고통스러운 세상이여.

二つの小唄

男のうたへる

ひとりものかや二十日月、海の夜あけにのこりたる。

女のうたへる

かがみくもらすわがといき、夕べは月の暈となる。

むかし、いかなる人のいかなるをりにやのこしたりけむ、かかる戀慕の秘曲ひとふしあり。

しんじつこひしきものならば、つまも子もあるものか、

ともおぼすらめども、おもへども、わりなさよえにしたたれず、

切なしやゆるさせたまへ、なわすれそ、互に、けふを。
と、なけばぜひもなしや、しんじつこひしきものゆゑに
血をながしてもともおもへども、おもへども。
あきらめてさても得わすれで、おもかげ。ゆめに見て
ゆめさめて、あなわが身、わが世、憂き世。

낮달

들길의 끝, 먼 나무 위에,
하늘이 맑아 낮달이 걸려 있네.

뚜렷하면서도 은은하게,
사라질 듯, 엄숙하게.

돌아보니 내 마음의 푸른 하늘,
오오, 첫사랑의 기억이 걸려 있네.

晝の月

野路の果、遠樹の上、
空澄みて晝の月かかる。

あざやかに且つは仄か
消ぬがに、しかも嚴か。

見かへればわが心の青空、

おお、初戀の記憶かかる。

마음의 폐허

그가 사랑하던 자들 중에 그를 위로하는 자가 없고 친구들은 그에게 등을 돌려 원수가 되었다
—〈예레미야 애가〉

"주여, 나의 마음을 위해
방황하는 시온의 딸을
보내 주옵소서.

방황하는 시온의 딸이여,
내 마음에 오라,
와서 내 마음의 초석에 앉아 울라.

오라, 시온의 딸이여,
내 마음은 황폐하여
너의 고향 도시와 같다.

와서 통곡하라, 시온의 딸이여,

내 마음의 폐허는 지금
밝은 하늘의 달빛에 젖어 있다."

이렇게 부르는 나의 노래로
시온의 딸이 하나 찾아와
잠시 내 마음에 앉아 울었다.

앉아서 울고 있는 시온의 딸은
그러나 현세의 사람이 아니며,
이는 그림자의 형체일 뿐이다.

그림자는 그림자의 소리로 울며,
내 마음의 폐허에서
더욱 깊은 적막을 일으키며 울고 있다.

心の廢虛

その戀人の中にはこれを慰むるものひとり
だに無くその朋はこれに背きて仇となれり

—耶利米亞哀歌

「主よ、わが心の爲めに
さまよへるシオンの娘を
遣しめよ。

「さまよへるシオンの娘よ、
わが心に來れ、
來りわが心の礎に坐して哭け。

「來り見よ、シオンの娘、
わが心は荒果てて
汝がふるさとの都のごとし。

「來り哭け、シオンの娘、
わが心の廢虛はいま
かがやけるみ空の月かげに濕ふ。」

かく歌へるわが歌により
シオンの娘ひとり來り
しばしわが心に坐して哭きぬ。

坐して哭けるシオンの娘は
されど、現世のものには非ず、
これはこれ影の影にして。

影は影なる聲によりて哭く、
わが心の廢虚より
いや深き寂寞を搖起して哭く。

단편

우리는 땅에서 나왔으므로 땅으로 돌아가고
우리는 벌거벗고 태어났으므로 벌거벗고 살아간다.
과연 그러한 것－
우리는 혼자서 태어났으므로 혼자서 살아간다.
혼자서 살아가고, 또한 혼자서 죽어 간다…

斷片

われら土より出でたれば土にかへる
われら裸にて生れたれば裸にて生く。
げにもよ――
われらひとりにて産れたればひとりにて生く。
ひとりにて生きて、さてひとりにて死にゆく……

나의 한숨

> 밤이 지나고 낮이 지나도 나의 긴 한숨이지만
> 그것이 누구를 위한 것인지 묻는 사람은 없다
> ―《만엽집》

나의 영혼은 음부로 내려가는 좁은 길에 있어
나의 한숨은 음부에서 새어 나오는 바람처럼
멀리 희미하게 다가와 내 입술 위에서 사라진다.
나는 홀로 한숨을 내쉬며
매 한숨마다 음부의 가까움을 헤아린다.
사람이 있어 이를 느끼고 듣는다 해도
나의 한숨을 이해하지 않고 나를 위해 울지 않으며
그저 몸을 떨며 그저 이를 미워하고 두려워한다.
실로 그것은 시체의 냄새를 휘감은 채로 어둡고 차가우며
빛이 닿기 어려운 깊은 곳에서 불어오는 바람이다.

わが溜息

夜もすがら日もすがらわが長息けども
そも誰がためと問ふ人もなし　　万葉集

わが靈は陰府にくだる細き徑にして
わが溜息は陰府より洩るる風なれば
とほくかすかに通ひ來りてわが唇の上に消ゆ。
われはわれひとりしてわが溜息をもらし
その一息ごとに陰府の近さを測り知る。
人あり、これを感じこれを聞くとも
わが溜息をおもひやらずわが爲めに泣かず
ただ身ぶるひしてひたすらにこれを惡み怖る。
げにそは屍のにほひを帶びて暗く冷く
光達しがたき底よりもるる風なれば。

메피스토펠레스 등장

바다를 따라 이어지는 성의 망루.
밤.
파도 소리가 들린다.
생각에 잠긴 기사 한 명.
이때, 메피스토펠레스가 등장한다.
"안녕하세요!
아주 우울한 얼굴을 하고
외로워 보이네요.
잠깐 이야기 상대가 되어도 되겠습니까.
자, 진지한 주인님!
이야기 속 기사님!
당신은 최근에 멋진 성을 지으셨다지요,
소문을 듣고 와서 보니
정말 멋집니다! 정말 멋져요!
그리고 추억이라 말씀하신 귀부인의
창백한 유령을 잘 모시고 계시는군요.
감동받았습니다! 감동받았어요!

그런데 주인님,
성은 아주 높은 곳에 지으셨군요.
지반은 괜찮은가요.
사실 저는 그 분야의 전문가인데—
잠깐 보세요.
자, 지혜 없는 지반이라니,
마치 이건 여자들 마음의 모래사장 같군요.
자, 보세요! 바람이 불면 모래 언덕이 되고
파도가 거세면 섬이…"

메피스토펠레스는 두 손을 펼쳐 바람과 파도의 몸짓처럼 걷는다.

"… 어떻습니까.
제가 이렇게 조금 걷기만 해도,
보세요! 조금은 흔들리겠군요.
이건 차라리 공중에 짓는 게 나을 뻔 했어요.
확실히 성은 멋지군요,
지금 와서 철수하기는 아쉽기도 하겠습니다.
하지만 나쁜 말은 하지 않겠습니다,
이제 그만 떠나는 게 좋겠습니다!
아니면 주인님!

성이 무너지는 날을 기다리며

유령과 동반 자살 하실 마음이신가요.

그것도 좋겠어요, 원하는 대로 하세요.

저는 다른 사람의 의사를 존중하니까요.

아이쿠, 아이쿠!

기분이 상하셨나 보군요.

그럼 혼자서 잘 울어 보세요.

가끔은 혼자서 자신을 아는 것도 몸에 좋습니다.

그만 안녕히.

우울한 곳에 오래 있는 건 불필요하죠.

자, 잠깐 다른 길로 돌아서

저 멋진 한 쌍을 보고 올까요,

그들은 정말 멋지다니까요 —

울면서 입술을 맞대고 유령의 상처를 달래고 있으니까요…"

갑자기, 기사는 일어나서, 긴 검을 뽑아 메피스토펠레스를 찌르려 한다.

이때 망루는 서서히 조금씩 기울기 시작한다.

기사는 큰 소리로 신음한다.

보이지 않는 곳에서 메피스토펠레스의 웃음소리가 들

린다.

기사는 비틀대며 쓰러질 듯 간신히 검으로 몸을 지탱한다.

メフィストフェレス登場

海につづける城の櫓。

夜。

波の音きこゆ。

思ひ沈める騎士ひとり。

この時、メフィストフェレス登場。

「今晩は!

大そう陰氣なお顔をして

お淋しさうだ。

ちよつとお話相手をさせてください。

さて、一本氣な殿様!

物語風の騎士!

君は近ごろ立派なお城を建てましたね、

噂を聞いて參上して見たが

見事! 見事!

それに思ひ出といふ貴女の
青ざめた亡靈によく奉仕して御座る。
感心! 感心!
ところで殿様。
お城は飛んだところへ建てましたなあ。
足場は大丈夫ですかい。
一たい私はその道のくらうとだが——
ちよつと御覧。
さて知恵のない地盤さね、
まるでこれや女ごころの沙濱だ。
そうれ! 風が吹けば沙丘
波が荒れれば洲……」

メフィスト双手をひろげて風と波との身ぶりよろしく濶歩す。

「……どうです。
僕がかうちよつと歩いただけでも、
何と! 少々は搖れませう。
これや一さう中空へ建てた方がましだつた。
なるほどお城は立派さね、
今さら立退くのは惜しいやうだ。
だが惡い事は言はない、
もういいかげんに立退いては!

それとも殿様!
お城の崩れる日を待つて
幽靈と心中なさるお心掛けですかい。
それもよかろう、御隨意だ。
私は他人の意思は尊重しますからね。
おや、おや!
これはお氣に觸つたかな。
それではせいぜいおひとりでお泣きなさい。
たまにはしんみりとひとりを知るのも身の爲めです。
さやうなら。
陰氣なところに長居は無用だ。
どうれ、ちよつと寄り道をして
あのしやれた一組を見て來ようか、
奴等は全くしやれて居るよ——
泣きながら唇を吸ひ合つて靈とやらの傷を甜あつてゐるのだからな……」

突然、騎士は立上り、長劍を拔きてメフィストを刺さんとす。

この時櫓はおもむろに少しづつ傾く事。

騎士は聲を上げて呻く。

見えざるところよりメフィストの哄笑聞ゆ。

騎士はよろめき倒れんとして僅に劍によりて身を支ふ。

깊은 밤에 부르는 한탄의 노래

등불은 어둡고 아무도 없어 창자가 끊어질 듯한
고통을 이야기할 수 없네 —육방 옹

… 나의 슬픔은 결국 나의 것이므로
사람들은, 이를 돌아보지 않는다.
또한 돌아보는 것을 나는 허락하지 않으니,
욥의 친구들아 욥을 위로하지 마라.
나의 한탄이여, 오오 나의 것이여,
나는 한없이 너를 사랑하노라,
그들이 아내를 대하듯
또 그 여인들이 어린아이를 대하듯.
나의 슬픔이여, 오직 하나뿐인 나의 것이여,
나는, 아내도 없고 어린아이도 없는 나는
밤새도록 너를 꼭 끌어안고
너에게 내 눈물을 다 쏟겠다.
오 나의 슬픔이여, 나의 외아들이여
너의 어머니는 나의 사랑이 되어

너의 어머니는 너를 두고 일찍 떠나갔구나.
너는 어머니의 얼굴을 닮아 슬프구나,
나의 슬픔이여. 너는 자라서
영원히 살아라. 숨이 끊어지지 않도록 해라.
나로 하여금 오랫동안 너를 사랑하게 하고
너를 통해 너의 어머니의 얼굴을 잊지 않게 해라.
나는 지금, 어머니 없는 너를 이렇게 강하게 안고 있다.
밤이 깊어 가네, 보아라 나의 자식을,
너의 어머니의 유령은 오늘 밤에도 또 와서
나와 너의 곁에 다정히 누워 있구나…

夜深くして歌へるわが歎きの歌

燈暗無人說斷腸　陸放翁

……わが歎きは終にわがものなれば
人、これをかへり見ず。
又かへり見ることを我は許さず、
ヨブの友よ來りてヨブを慰めざれ。
わが歎きよ、おおわがものよ、

われは限りなくなんぢを愛す、
彼等が妻になすがごとく
また彼の女らが幼子になすがごとく。
わが歎きよ、ただ一つなるわがものよ、
われは、妻なく幼子なきわれは
夜もすがら強くなんぢをかき抱きて
なんぢがうへにわが涙を盡す。
おおわが歎きよ、わがひとり子よ
なんぢが母はわが戀にして
なんぢが母はなんぢを遺して早く去りぬ。
なんぢよ、なんぢは面かげ母に似てかなし、
わが歎きよ。なんぢ生ひ育て。
永く生きよ。息絶ゆること勿れ。
われをして永く具になんぢを愛し
なんぢに依りてなんぢの母が面かげを忍ばしめよ。
われは今、母なきなんぢをかく強く抱く。
夜ふかし、見ずやわが子、
なんぢが母の亡靈は今宵もまた來りて
われとなんぢとの傍にやさしくも添寢したり……

성지 팔레스타인

성지 팔레스타인은 언제까지나 성지다.
비록 이단의 사원들이 늘어나고, 이단의 도시가 되어
이단의 활과 궁이 모여 별처럼 빛나며
팔레스타인의 물은 이단의 샘에서 넘쳐흘러
이단의 무리들은 이단의 괴이한 꽃을 심으며
팔레스타인의 땅은 이단의 씨앗을 기르고
가시가 돋는 이단의 꽃이 활짝 피었다 하더라도,
슬퍼하지 마라, 그 옛날의 성지, 오늘의 성지, 훗날의 성지,
한번 진정한 성지였던 팔레스타인
나의 팔레스타인은 언제까지나 우리의 성지다.

聖地パレスチナ

聖地パレスチナは何時までも聖地なり。
たとひ異端の寺立ち並び、異端の都となり

異端の弓檣の上に異端の星集ひ耀き
パレスチナの水は異端の噴井よりふき溢れ
異端の徒は異端の怪しき花を蒔き
パレスチナの土は異端の種を培ひて
荊ある異端の花を花ざかりにするとも、
歎く勿れ、そのかみの聖地、今日の聖地、後の日の聖地、
一たびまことの聖地なりしパレスチナ
吾がパレスチナぞ何時までも吾が聖地なる。

나의 1922년(我が一九二二年)

가을 꽁치의 노래

아 애절하구나
가을바람이여
정이 있다면 전해 다오
—한 남자가
오늘 저녁에 혼자
꽁치를 먹으며
생각에 잠겨 있다고.

꽁치여, 꽁치여,
그 위에 덜 익은 귤즙을 떨어뜨려
꽁치를 먹는 것은 그 남자의 고향에서 먹던 습관이네.
그 습관을 이상하게 생각하면서도 그리워하는 여인은
몇 번이나 덜 익은 귤을 따다 저녁 식사에 올렸던가.
아, 남편에게 버림받으려 하는 아내와
아내에게 배반당한 남자가 식탁에 마주할 때,
박정한 아버지를 가진 어린 소녀는
작은 젓가락을 서투르게 하면서도

아버지가 아닌 남자에게 꽁치의 내장을 주려고 하는구나.

아아
가을바람이여
너는 그들을 보지 않았느냐
세상에 보기 드문 그 단란함을.
그러니
가을바람이여
진심으로
증명해 다오 그 한때의 단란함이 꿈이 아니라고.

아아
가을바람이여
인정이 있다면 전해 다오,
남편을 잃지 않은 아내와
아버지를 잃지 않은 아이에게 전해 다오
—한 남자가
오늘 저녁 혼자서
꽁치를 먹으며

눈물을 흘린다고.

꽁치여, 꽁치여,
꽁치 맛이 쓰던가 짜던가.
그 위에 뜨거운 눈물을 떨어뜨려
꽁치를 먹는 것은 어느 고향의 습관인가.
아아
정말로 묻고 싶을 만큼 이상하구나.

秋刀魚の歌

あはれ
秋風よ
情あらば傳へてよ
——男ありて
今日の夕餉に ひとり
さんまを食ひて
思ひにふける と。

さんま、さんま、

そが上に青き蜜柑の酸をしたたらせて
さんまを食ふはその男がふる里のならひなり。
そのならひをあやしみなつかしみて女は
いくたびか青き蜜柑をもぎて夕餉にむかひけむ。
あはれ、人に捨てられんとする人妻と
妻にそむかれたる男と食卓にむかへば、
愛うすき父を持ちし女の兒は
小さき箸をあやつりなやみつつ
父ならぬ男にさんまの腸をくれむと言ふにあらずや。

あはれ
秋風よ
汝こそは見つらめ
世のつねならぬかの團欒を。
いかに
秋風よ
いとせめて
證せよ　かの一ときの團欒ゆめに非ずと。

あはれ
秋風よ
情あらば傳へてよ、

夫に失はざりし妻と
父を失はざりし幼児とに傳へてよ
——男ありて
今日の夕餉に　ひとり
さんまを食ひて
涙をながす　と。

さんま、さんま、
さんま苦いか鹽つぱいか。
そが上に熱き涙をしたたらせて
さんまを食ふはいづこの里のならひぞや。
あはれ
げにそは問はまほしくをかし。

가을옷 이야기

그 1

작년 가을 입추를 지난 어느 날, 책상에 기대어 《정사(情史)》를 읽고 있다 우연히 제24권을 펼쳤더니 그 속에 〈동정(洞庭) 유씨(劉氏)〉라는 항목이 있었다. 그 내용은 다음과 같다.

"동정 유씨의 남편 엽정보는 오랫동안 수도에 머물러 있었다. 그러던 중 유씨는 남편에게 옷을 보내며 시를 지어 함께 보냈다. 그 시는 다음과 같다.

우리의 마음은 견우와 직녀처럼 큰 강을 사이에 두고 있지만 가을이 찾아오니 한번 만날 수 있게 되겠지요. 해마다 당신에게 보내는 이 옷은 한 가닥 한 가닥 모두 제 손으로 짠 실로 만들었습니다. 가위질 소리마다 내 마음이 찢어질 것 같고 바느질 자국이 어찌 내 눈물의 양을 가늠하겠습니까. 옷의 길이나 모양은 예전과 비슷하게 만들었지만 당신이 살이 쪘는지 빠졌는지는 나는 알 수가 없네요."

이에 비하면, 사혜련의 〈다의편(擣衣の篇)〉은 헛된 아름다운 말을 늘어놓은 것에 가깝다. 나는 이를 세 번 읽고 가을밤 외로운 집에서 홀로 깊은 감동을 받았다.

베 짜는 일에 몸을 바치고
사랑하는 사람은 너무 멀구나,
한숨지으며 짓는 옷은
그리운 사람이 입어 주기를.

몇 년이 지났을까 은하수여
만날 날을 기다리네,
가을마다 그대를 찾아 가고
그대와 함께할 옷이 부럽구나.

비단을 찢을 때 그 소리가
내 가슴의 수많은 애절함처럼,
바느질 땀마다 눈물이 떨어지고
바늘을 끼울 때마다 근심은 깊어진다.

옷소매 길이는 그대로이고
내 마음도 여전히 예전과 같구나,
슬퍼서 마르셨을까
슬퍼서 살이 찌셨을까.

원래 즉흥적인 장난에 불과하며, 원시의 애절함에 대해 부끄럽다.

그 2

동정 유씨의 시를 세 번 읽은 뒤 또 한 달 정도 지난 어느 저녁이었다. 가을의 서늘한 기운을 느끼며 가을옷을 찾으려다가 스산한 마음을 느꼈다. 그날 밤 붓을 들고 〈가을옷의 노래〉를 써 보았지만 마음은 있어도 시는 완성되지 않았다. 이를 바구니에 던져 버렸다. 올해 또다시 가을옷을 입을 때가 되었다. 나는 병으로 다른 집에 신세를 지고 있다. 가을밤 홀로 긴 외로움을 견디기 어려울 때가 있다. 아무것도 손에 잡히지 않아 옛 원고를 다시 읽어 보려 했지만 찾을 수 없었다. 아마도 떠돌아다니다 잃어버렸을 테다. 이에 그것을 찾는 심정으로 무심코 읊조리며 조금이나마 그 뜻을 전하게 되었다. 시의 미숙함은 이미 부끄러움이 없다.

등불이 닿지 않는 어둠 속에서
방황하는 이의 짐 꾸러미 속에서
홀로 삭막한 외로움이여
가을바람에 입을 가을옷이여,

유씨를 아내로 두지 못한 신세
스스로 꺼내 본 낡은 옷이여
옷을 집으니 까닭 없이
그 사람의 모습이 떠오르는구나, 무정한 사람이여.

터무니없는 말을 내뱉으며
원망할 이유도 없는 아름다운 사람이여
그대가 사랑하는 이의 가을옷을
재단하던 그 손을 잠시 멈추어 주오,

비단을 두 조각으로 찢으려 할 때

귀뚜라미 소리를 잠시 들어 보아라
그 여린 소리를 가슴에 새겨라
무정한 사람이 되지 마라.

사람의 눈을 두려워하며 그대는 과연
바쁜 손놀림으로
그 해진 부분을 꿰매었던 적이
한 번도 없었던 것인가,

오늘을 끝으로 이별의 날이 오고
한숨과 함께 그대가 두고 간
엎질러진 된장국에
흠뻑 젖어 본 무릎이 없었던가.

유씨는 다른 사람의 아내이기에
혼자서 꺼내 드는 내 옷은
씻어 줄 사람도 찾을 수 없고
실밥도 낡아 버린 헌옷들이다,

가을 등불 아래 앉을 때면

새로 입을 옛 가을옷은
무릎에 묻은 얼룩은 어쩔 수 없고.
너무도 그대가 원망스럽구나.

秋衣の歌

その一

去年立秋ののち旬餘の或る日、 机に凭りて「情史」を繙き偶々巻二十四を開きしなかに洞庭劉氏といふ一項あり、

「洞庭劉氏 其夫葉正甫 久客都門 因寄衣而侑以詩曰、情同牛女隔天河 又喜秋來得一過 歳歳寄郎身上服 絲絲是妾手中梭 剪聲自覺如腸斷 線脚那能抵涙多 長短只依先去様 不知肥痩近如何。」

これに比ぶれば謝恵連が擣衣の篇のごときは徒らに美辭を弄ぶものといふべし。 われは三誦して秋夜の寡居に感はことのほか深かり。

織姫と身をなして
おもふ人いとも遠し、

歎きつつ織るものは
なつかしき人に着られよ。

幾とせぞ　天の川
逢ふことぞ待たるるよ、
秋ごとに君に行き
君にそふ衣ねたまし。

絹裂けば音にぞ聞く
わが胸の千々の切なさ、
縫ひゆけばなみだ落ち
縫ひきしむ針ぞ憂たてき。

裄丈は昨のままぞも
わが心昨のままぞも、
憂れたくも痩せ給へりや
憂れたくも肥え給へりや。

もとより卽興の戯れにして原詩の哀切に對して耻づ。

その二

洞庭劉氏の詩を三誦してよりのちまた月餘、或るゆふべ身に秋冷をおぼえて自ら秋衣をさぐるに事によりてわが思の凄然たるものあり。その夜筆をとりて「秋衣の歌」をつづれども意はありて詩は遂に成らず。これを筐底に投じ去りぬ。今年また秋衣の候となる。われは假そめながら病に伏して他家に身を寄せたり。秋宵只一人のために長く孤愁は時に甚だ堪ふべからず。つれづれのあまり舊稿を思ひ出でて再び見んことを願へども協はず。蓋し轉々たるわが流寓のうちに失はれたるなり。乃ちこころにこれをたづねつつ漫吟し得て些か意を遣りぬ。詞の稚拙は既に恥ぢざるなり。

灯かげとどかぬ小暗さに
さすらひ人の行李より
ひとり索ればわびしさよ
秋風に着る秋ごろも、

劉氏を妻に持たぬ身の
わがとり出づる古ごろも
ころもをとればそぞろにも

おもかげぞ立つ　憂き人は。

わりなきことを言ひいでて
恨むよしなき佳き人よ
汝がいとし子の秋ごろも
裁つ手をしばしやめよかし、

絹を二つに裂かんとき
こほろぎの音をしばし聴け
そのかそけさを胸に知れ
つれなき人とならじかし。

人目を怖ぢて　汝はそも
あわただしくも運ぶ手に
そのほころびをつくろひし
ころもは曾て無かりしか、

今日をかぎりの別れの日
吐息とともに汝が置きて
くつがへりたる味噌汁に
しとどなる膝なかりしか。

劉氏は人の妻なれば
ひとりとり出しわがころも
濯ぐべき人もとめねば
糸目もふるし古ごろも、

秋の灯かげにすはるとき
新しく着る古ごろも
膝なる汚點はわりなくも
いみじき汝を怨めとぞ。

우울함 속에서

어니스트 다우슨(Ernest Dowson)

나는 슬퍼하는 것이 아니며, 울 수가 없다
내 모든 추억은, 결국, 잠들려 한다.

바라보고 또 바라본다, 흐르는 물이 하얗게 달라지는 모습을,
온종일 해가 질 때까지 나는 바라보았다, 강물이 변하는 모습을.

온종일 해가 질 때까지 나는 바라본다, 빗방울이
창문을 두드리는 그 슬픔을.

나는 슬퍼하는 것이 아니며, 다만 나는
한때 내가 소망했던 모든 것에 지쳐 버렸다.

그 사람의 입술, 그 사람의 눈, 온종일

나에게 그림자의 그림자 같은 것이 되었다.

그대 생각에 타들어 가던 나의 갈증은, 온종일
잊힌 것처럼 되어 있었다, 저녁이 오기 전까지.

이렇게 나는 슬픔의 한가운데에 남겨져, 울려고 한다
저녁이면 깨어나는 수많은 나의 추억들.

憂たてさ

アアネスト ダウスン

我は悲しめりとには非ず、我は泣くこと協はず
わが思ひ出のすべては、はた、眠につきつつ。

見守りつ、ゆく水の白く異しくなりまさりゆくさま、
日ねもす夕暮まで我は見守りつ、川面の變りゆくさま。

日ねもす夕ぐれまで我は見守りつ、雨の
窓がらすのうへ打ちたたくそのうれたさ。

我は悲しめりとにはあらず、ただ我は
かつてわが願ひなりしもの皆に倦んじ果てぬ。

かのひとの唇や、かのひとの眼や、ひねもす
わが身には影の影なるものとはなりつ。

君がこころに焦がるるわが渇きは、ひねもす
忘れられしものとはなりつ、夕の來るまでは。

かくて我は悲みのさなかに遺されつ、泣かんとす
夕は目覺めそむるわが思ひ出はかずかず。

온천 소식

1 제법 열이 났습니다

옆방의 손님은 남자 두 명이다.
술을 마시고, 계속해서
쓸데없는 논쟁을 했다.
드디어 자나 했더니
한 명은 금세 무섭게 코를 곤다
다른 한 명은 또 멋지게 이를 간다
마치 이건 방금 전 논쟁의 연속이 아닌가.
그 코골이를 이렇게 듣고 있으니
자연스럽게 돼지 생각이 나고
이갈이는 마치 괘종시계의 태엽을 감는 것 같다.
나는 돼지우리를 지키는 사람처럼
기름이 부족한 시계에 기름을 치고 있는 것인지 모르겠다…
어젯밤 땀에 젖은 이 이불
어쩐지 건초 냄새가 나기 시작했다…

2 점점 좋아지고 있습니다

샘물은 매일, 나의 부스럼처럼
바위 이끼처럼 붙어 있는 것을 씻어 내지만,
계곡물은 매일 밤, 내 마음에 흘러 들어와
그것이 마음의 오래된 상처에 얼마나 스며드는지.
혼자 있는 방에 달빛이 비치니
전등을 끄면
내 눈에서 온천이 나오는 듯하다.

3 꽤 많이 좋아졌습니다

가을이 오면
작은 집을 마련하리,
작은 책상 하나에 책 100권
그리고
담배와 좋은 차를 마시고 싶다,
거기에는 꽃밭이 있고.
아내는 이제 필요 없다
심부름할 남자아이만 두고 살리라,
여자아이라도 나쁘지 않다.
그래, 그 전에

한번, 상하이에 가서
중국 여자아이를 사 오자,
열네 살 쯤이 좋겠다.
부용화 봉오리 같은 아이는 얼마쯤 하려나?

浴泉消息

1　大ぶん熱が出ました

隣室の客は男ふたりだ。
酒をのんで、いつまでも
何だかくださない議論をしやがつた。
やつと寝たと思つたら
ひとりは直ぐと怖ろしいいびきだ
ひとりは又すばらしい歯ぎしりだ
これではまるでさつきの議論のつづきぢやないか。
そのいびきをかうして聞いてゐると
自然、豚のことが思ひ出されるし
歯礙の方はまるで柱時計のぜんまいを巻いてゐるやうだ。
おれは豚小屋の番人になつて

番小屋の柱時計に油の足りないねぢをかけてゐるのか知ら……

ゆうべの寢汗のしみ込んだこの掛ぶとん
何だかほし草のにほひがして來た……

2　だんだんよくなって來るのです

浴泉は毎日、私のおできの
岩苔のやうにこびりついた奴を洗ひ落すが、
谷川の水は毎晩、私の心に流れこんで
それが心の古疵に何としみるかよ。
ひとりぼつちの部屋に月がさすから
電燈を消したら
おれの目から溫泉が出たつけ。

3　よほど快方に向ひました

秋になつたら
小さな家を持たう、
小榻一椽書百巻
さうして
煙草とお茶とのいいのが飲みたい、
そこには花畑がいる、
妻はもういらない

童子を置いて住まう、
童女でも惡くはない、
さうだ、それよりさきに
一度、上海へ行つて
支那の童女を買つて來よう、
十四ぐらゐのがいい、
木芙蓉の莟のやうな奴はいくらぐらゐするだらう?

어떤 사람에게

당신 꿈은 지난밤 두 번밖에 꾸지 않았는데
당신 남편의 꿈은 벌써 여섯 번이나 보았다
당신과는 꿈속에서도 느긋하게 이야기 나눌 수 없는데
그 남자와는 꿈속에서 산책하며 농담을 한다
꿈의 세계마저도 나에게는 고약하게 군다 그러니까
나는 내세도 의심하지 않을 수 없다
당신 꿈은 한 번 보고 나면 금방 깨어나
두 번 다 나는 오래도록 잠을 잘 수 없었다
당신 남편의 꿈은 오래 계속 이어지고
다음 날이면 두통이 일어난다…
고백하건대 나는 한번 당신의 남편을
죽이고 나서의 꿈을 꾸고 싶다
내가 얼마나 후회하고 있을지 어떨지

或る人に

あなたの夢は昨夜で二度しか見ないのに
あなたの亭主の夢はもう六ぺんも見た
あなたとは夢でもゆつくり話が出來ないのに
あの男とは夢で散歩して冗談口を利き合ふ
夢の世界までも私には意地が悪い　だから
私には來世も疑はれてはならないのだ
あなたの夢はひと目で直ぐさめて
二度とも私はながいこと眠れなかつた
あなたの亭主の夢はながく見つづけて
その次の日には頭痛がする……
白狀するが私は　一度あなたの亭主を
殺してしまつたあとの夢を見たいのもだ
私がどれだけ後悔してゐるだらうかどうかを

겨울날의 환상

서리가 내린 12월의 하늘은
말린 생선을 굽는 냄새로 숨이 막히고
두부가게의 나팔 소리가 들리면
불을 일으키는 남자의 눈에 문득
어디선가 본 적도 없는 시골 마을 끝자락의
고물상에서 마흔의 아내가 불룩한 배를 안고
램프를 켠다
이런 저녁이 겹겹이 쌓여 가는 곳에서
신성하지 않은 나의 염리*가 마음에 새겨졌다.

冬の日の幻想

霜ぐもる十二月の空は

* 속세를 떠나려는 마음.

干ものやくにほひにむせび
豆腐やのちやるめら　聞けば
火を吹いておこすこの男の目に　ふと
どこかの　見たこともない田舎町の場末の
古道具屋の四十女房がその孕みすがたで
釣ラムプをともすのだ
かかるゆふべの積み累ねに
聖ならぬわが厭離のこころはきざした。

동심초 부연

들풀을 딴다

꽃잎은 바람에 지고 해는 저물어 간다
아름다운 시절은 여전히 아득하고 멀다
마음을 함께할 사람은 맺지 못하고
헛되게 풀잎만 맺는구나

마음을 흩뜨리며 떨어지는 꽃이여
슬픔은 길어 내 소매를 적시네
정성을 다 바친 당신을 떠올리며
헛되이 뜯는구나 슬픔의 꽃잎.

이별

사람과 이별하는 순간
깊이 새겨진 풍경은

소나무 가지 끝에
바다 한 조각이 푸르네.

사라질 듯한 그 일말의
바다 구름 사이에서 스며 나오는 듯,
초점이 멀어진 내 귀는
사람의 울음소리를 하늘에서 듣네.

용담꽃

산길을 따라 당신이 가리킨 대로
내가 꺾어 온 보랏빛 꽃,
당신이 묻는 대로 그 이름을
내가 가르쳐 준 용담꽃,
그 가을 산의 좋았던 꽃을 지금은
그저 자주 기억해 주기를 바라는 것이
그저 내가 간절히 바라는 것이네.

同心草拾遺

つみ草

風花日將老
佳期猶渺渺
不結同心人
空結同心草

しづこころなく散る花に
長息ぞながきわがたもと
なさけをつくす君をなみ
摘むやうれひのつくづくし。

別離

人と別るる一瞬の
思ひつめたる風景は
松の梢のてつぺんに
海一寸に青みたり。

消なば消ぬべき一抹の

海の雲より洩るやらむ、
焦點とほきわが耳は
人の嗚咽を空に聞く。

龍膽花

山路きて　君が指すままに
わが摘みしむらさきの花、
君が問ふままに　その名を
わがをしへたるりんどうの花、
そのかの秋山のよき花を　今は
ただしばしば思ひ出でよとぞ
わが頼むことは　わりなき。

사토 하루오 시집(佐藤春夫詩集)

휘파람새

그대가 보이지 않는 날에 듣는 휘파람새.
바다 근처 숙소에서 듣는 휘파람새.
파도 소리에 섞여 운다. 휘파람새.
하루 종일 들려온다. 휘파람새.
휘파람새. 휘파람새. 휘파람새.

うぐひす

君を見ぬ日のうぐひす。
海近き宿のうぐひす。
波の音にまじりなくよ。うぐひす。
ひねもす聞くよ。うぐひす。
うぐひす。うぐひす。うぐひす。

늦가을 비에 보내는 서정

가을비여
가을비여
혹시라도
그 마을을
지나간다면
전해 주오
그 사람에게
나는
오늘 밤도 잠들지 않고 있었다—
고
그 사람에게
전해 주오
가을비여

しぐれに寄する抒情

しぐれ
しぐれ
もし
あの里を
とほるなら
つげておくれ
あのひとに
わたしは
今夜もねむらないでゐた——
と
あのひとに
つげておくれ
しぐれ

가을의 여인에게

눈물에 젖은 가을의 여인이여
내 환상 속에 다가오네,
눈물에 젖은 가을 여인을
가을비라 나는 여기네.

눈물에 젖은 가을의 여인이여
그대는 옛 성 길로 떠나고,
길목에는 버드나무의 잎이 떨어져 덮이고
시든 연꽃을 보지도 않네.

눈물에 젖은 가을의 여인이여
너의 발걸음은 한 걸음 한 걸음,
사랑하는 사람에게서 멀어지고
울다가 젖고 울다가 젖어.

눈물에 젖은 가을의 여인이여
나의 환상 속에 사라지고,

눈물에 젖은 가을의 여인을
나는 가을비라 여기네,

한바탕 나를 울리고
또 위로하는 가을의 여인이여,
쓸쓸하게 시든 옛 성 길을
내 마음이라 나는 여기네.

秋の女よ

泣き濡れて　秋の女よ
わが幻のなかに來る、
泣き濡れた秋の女を
時雨だとわたしは思ふ、

泣き濡れて　秋の女よ
汝は古城の道に去る、
頸に柳葉がちりかかる
枯れた蓮を見もしない、

泣き濡れて　秋の女よ
汝があゆみは一歩一歩、
愛する者から遠ざかる
泣き濡れて泣き濡れて、

泣き濡れて　秋の女よ
わが幻のなかに去る、
泣き濡れた秋の女を
時雨だとわたしは思ふ、

一しきりわたしを泣かせ
またなぐさめて　秋の女よ、
凄まじく枯れた古城の道を
わが心だとわたしは思ふ。

늦봄의 제비꽃

봄이 너무 깊어져 벌써
하얗게 시들어 버린 제비꽃…

다들 오래되어 희미한
추억의 빛깔을 가진 제비꽃…

보랏빛 정을 품은 작은 것들이
이제 들판에는 사라졌는가…

또다시 잊을 수 없는 것을
항아리에 담아 두어 꽃이 피었네…

暮春のすみれ

春あまりにもふかく　もう
白つちやけた花すみれ……

みんな古くなつて　かすかな
思ひ出のいろのすみれ……

むらさきの情のこまやかなものは
もう野邊にはなかつたか……

これはまた　忘れがたないことを
壺におさめて花は實つた……

텅 빈 5월

세상에 아름다운 자매가 있었다. 나의 좋은
친구가 되었던 그 여인이, 얼마 지나지 않아
무슨 일이 있다며 다시 만날 수 없다고 전해 왔다.

그대를 만나지 않으면 5월이 무슨 소용인가
반짝이는 하늘 아래 헛되이
답답한 창을 열어 보아도
그 하늘빛 치마가 보이지 않으니.

그대 없이 장미가 무슨 소용이 있겠는가
푸른 나무 그늘에 헛되이
찾고 또 찾아가 보아도
그 서늘한 바람 속 웃음소리 들리지 않으니.

텅 빈 마음에 온종일
그대 그림자를 그리며, 생각하네
향기 없는 내 담배 연기가

허전하게 하늘로 사라지는 모습을.

うつろなる五月

世に美しき姉妹ありき。わがよき友となりしが、
程なく故ありてまた相見るべくもなしと告げ
來たりしかば。

君を見ずして　何の五月
きらめける空いたづらに
いぶせ窓をひらくとも
ひるがへるかの水色の裳見えず。

君なくして　何の薔薇
みどりの木かげいたづらに
求めたづねて行き行くとも
涼かぜのかの笑ひをきかず。

うつろなる心に　ひねもす
おん身たちの影を描き、思へ
わが香りなき安煙草の

むなしく空に消ゆるさまを。

비둘기

하얀 깃털 하나 떨어지고
그 뒤에 한마디 울음소리 들렸다
내 창 위에 비둘기 한 마리가 있었네

어리둥절한 비둘기야 도대체 무슨 일이냐
여행을 떠나 소식 없는 여자에게서 온
그 소식이라면, … 곤란한 일이다.

너의 다정한 그 깊은 이야기도
여자의 마음처럼 나는 알 수가 없다
네가 떨어뜨린 깃털에는 아무것도 적혀 있지 않네.

비둘기야 흐린 날 홀로 있는 비둘기야
낯선 비둘기야 하얀 비둘기야
여자에게 답장을 전해 다오 – 내가 너무 슬퍼한다고.

鳩

白い羽根が一枚散り込んだ
それから一聲啼いて聞かせた
私の窓の上に鳩が一羽ゐた

怪訝な鳩よ　一たいどうしたといふのだ
旅に出てたよりのない女からの
その便りならば、……困つた事だ。

せつかつの深切なお前のその話も
女の心と同じく私にはわからない
お前の落した羽根には何も書いていない。

鳩よ　曇り日のひとりの鳩よ
見知らない鳩よ　白い鳩よ
女に返事せよ——私はもの憂いと。

나의 괘종시계

어느 날, 나는, 장터 끝의 시계 가게에서 오래되고 특이한 시계를 하나 사 왔다.

벽에 걸고 나서 세 시간 이상 그것을 바라보며 놀았다.

전등이 켜진 후, 다음과 같은 것을 적었다—

문자는 기쁨처럼 선명한 황금
문자판은 죽음처럼 새카만 검정
주위는 꽃과 포도잎 장식
진자는 단 하나의 줄기로
바람에 흔들리는 달콤한 포도 열매
이 근사한 괘종시계의 세공사는
무명이었을 테지만 분명
에피쿠로스 같은 현자였을 것이다
아름다운 가르침은 소박하여
사람들에게 알려지지 않고 30년 동안
장터 끝 가게에서 먼지에 묻혀 있었네

똑딱 똑딱 똑딱

私の柱時計

ある日、私は、ある場末の時計屋で古びた風變りな時計を一つ買つて來た。

壁に掛けてから三時間以上もそれを眺めて、私は遊んだ。

電燈がついてから、次のやうなものを書いた——

文字は喜のやうに鮮かな金
文字板は死のやうにまつ黒
ぐるりは花と葡萄葉との飾
振子と言へばたつた一房の
風に搖れるあまい葡萄の實
このよい柱時計の細工人は
無名でこそあつたがきつと
エピキュラス程の賢者だつた
美しい教はつつましいから
人に知られずに三十年の間

場末の店で塵まみれだつた
チクタクチクタクチクタク

13시

손님들 놀라지 마시오
13시라오. 때로는
23시에도 친다오.

하지만 바늘을 보시오. 11시라오.
이 이상한 시계야말로
이 방의 주인과 똑같다오.

감정은 엉터리에
뒤죽박죽이지만
이성의 바늘은 정확하다오.

十三時

客よ　おどろくな
十三時だ。時には

二十三時も打つ。

だが針を見ろ　十一時だ。
このキテレツな時計こそ
部屋の主とおんなじだ。

かんぢようは出鱈目の
メチヤクチヤだが
理性の針は正しいよ。

희극

여자는 남편을 얻고 활발해지고
남자는 아내를 얻고 시들어 가고
활발해지기 때문에 그녀는 그를 사랑하고
시들어 가기 때문에 그는 그녀를 미워하네.
모든 철학자의 아내는 크산티페*이고
모든 주전자의 손잡이는 철로 만든 것이네.
희극만큼 사람을 우울하게 만드는 것은 없네
돈키호테를 보면 눈물이 난다고
아나톨 프랑스**가 말했었던가.

* 크산티페(Xanthippe) : 소크라테스의 아내이자 악처의 대명사.

** 아나톨 프랑스(Anatole France, 1844~1924) : 프랑스의 소설가.

喜劇

女は夫を得て跳梁する
男は妻を得て萎靡する
跳梁するから彼女は彼を愛し
萎靡するから彼は彼女を憎んだ。
すべての哲人の妻はクサンチッペであり
すべての鐵瓶のつるは鐵である。
喜劇ほど人を憂鬱にするものはない
ドン　キホオテを見ると泣けると
アナトオル　フランスは言つたのだが。

겨울밤의 읊조림

사람들은 조용해지고
바람은 잔잔해지니
등불과
마음이
옛것이 되었네.
말하라.
누구인가,
과거에서 찾아와
지금의 나를 지나
미래로 가는 이여.
아아
끓어오르는 물처럼
즐거운가,
나의 겨울밤.
—지친 숯이
재가 되어 가는 사이.

冬夜微吟

人しづまりて
風なごみぬ
燈と
こころと
古となりぬ。
告げよ。
何者ぞ、
古より來り
われを今過り
後に行く。
あはれ
たぎる湯のごとく
樂しいかな
わが冬の夜。
——つがれたる炭の
灰となりゆく間。

희망

조잡하고 무의미하며
그 순간뿐이지만
그러나 진정으로
특별한 진짜 노래 한 곡
언젠가는 쓰고 싶다.
신이 구름을 만드신 마음을
이제는 알 것 같다.

어머니가
그때 불러 주셨던
자장가를
그때와 똑같이 기억하고 싶다.
그 노래는 들으면
어머니도 이제 모른다
어쩐지 엉터리로 불렀던 것 같다.

어떻게든 평생 부르고 싶은

공기 같은 노래 한 곡
자유롭게 눈에 띄지 않으며
사람이 있는 한 존재하고
갑자기 폐부에 흘러 들어와
불필요한 것들을 즉시 내뿜어 줄
그런 노래 하나를 어떻게든 한 곡…

願ひ

大ざつぱで無意味で
その場かぎりで
しかし本當の
飛びきりに本當の唄をひとつ
いつか書きたい。
神さまが雲をおつくりなされた氣持が
今わかる。

おつかさんが
あの時　うたつてきかせたあの
子守唄を

そつくりそのまま思ひ出したい。
その唄は　きけば
おつかさんももう知らない
どうもでたらめにうたつたらしい。

どうかして生涯にうたひたい
空氣のやうな唄を一つ
自由で目立たずに
人のあるかぎりあり
いきなり肺腑にながれ込んで
無駄だけはすぐ吐き出せる
さういふ唄をどうかして一つ……

마녀(魔女)

현대의 단테

옛날 축복받은 플로렌스의 대시인은
어떤 순결한 처녀의 손에 이끌려
육신을 가진 채로 지옥과 천국을
거쳐 왔다고 하는 이야기가 있지만 이제
여기 축복받은 한 어리석은 남자가
어떤 음탕한 여인의 육체에 이끌려
천국과 지옥을 사이에 두고 살았다 하네

現代のダンテ

昔祝福されたフロオレンスの大詩人は
さる純潔なる處女の手びきにより
肉體を着たままの姿で地獄と天國とを
經めぐつて來たとかいふ話だが　いま
ここに祝福されたひとりの莫迦な男が
さる淫蕩なる女の肉體の手びきにより
天國と地獄とをまのあたりに生きたといふ

지금 로렐라이는

(하이네의 시대는 어땠는지 모르겠지만
친구여 라인강의 지리는 변했다
흐르는 물과 흩날리는 꽃과 지금
로렐라이는 다리 기슭에 있다)

지나가는 사람들 사이에서
남자는 난간에 기대어
명성 높은 노랫소리를 밤마다 밤마다
한 여인의 속삭임을 듣는다…

(하이네의 시대는 어땠는지 모르겠지만
친구여 라인강의 지리는 변했다
흐르는 물과 흩날리는 꽃과 속삭이는 여인과 지금
로렐라이는 다리 기슭에 있다)

今ロオレライは

(ハイネのむかしはいさ知らず
友よ　ラインの地理は變りぬ
流るる水と散る花と　いま
ロオレライは橋のたもとに在り)

行き交ふ人目しげきがなかに
男は欄干によりかかり
名うての歌聲を夜ごと夜ごと
ひとりの女の囁きに聞く……

(ハイネのむかしはいさ知らず
友よ　ラインの地理は變りぬ
流るる水と散る花と囁く女と　いま
ロオレライは橋のたもとに在り)

무덤가의 사랑

사람의 눈을 피해
그늘을 찾아
우리는 이곳에 왔습니다
쓰러져 있는 것을 기회 삼아
나란히 앉게 해 주시기를
묘비의 주인이시여 용서해 주십시오
지금은 부처가 되셨겠지만
옛날의 기억이 있으실 테지요
얼굴과 얼굴을 맞대고
이렇게 앉아 있는 우리에게
이 표석은 마치 연화대*와 같습니다
시원한 바람도 불어오고…

* 부처나 보살이 앉는 연꽃 모양의 자리.

墓畔の戀

人目をいとひ
日かげを求め
われらはここに參りました
倒れてゐるのをよいことに
ならんで腰かけさせて頂きまする
お墓石の主よお宥しください
今はもとより佛ながら
むかしお覺えもあらせられませう
顔と顔とをすりよせて
かうして坐つたわれらには
お標の石はさながらの蓮の臺です
涼しい風も吹きかよひ……

나의 가을 노래

괴롭구나 무엇을 연주하는가
서툰 가을의 바이올린

가슴 깊이 숨겨 둔 것이
시끄러운 사람들의 입방아에 올라

괴롭구나 내가 사랑하는 사람이
마녀라고 하는 세간의 소문

귀찮은 축제의 밤
어지럽게 빛나는 야시장의 불빛

마녀라면 사람들의 눈을 피해
몰래 나를 만나러 오라

わが秋の歌

なやましく何を彈くぞも
へたくその秋のヴィオロン

むねふかく秘めたるものを
やかましき人の口の端

なやましくわが戀ふる子は
魔女なりと巷のうはさ

小うるさき祭の夜の
目くるめく夜店のあかり

魔女ならば人目をしのび
とくわれと逢曳に來よ

'진실'의 사냥꾼

마녀여
가면을 벗고
진짜 얼굴을 보여라

나는
한숨짓지 않겠다
또다시 두려워하지 않겠다

나는
어리석은 괴짜이지만
그러나 '진실'의 사냥꾼이다

마녀여
양말을 벗어
발을 발목을 보여라

「眞實」の狩人

魔女よ
假面をとれ
素顔を見せろ

おれは
欺かぬ
また怖れぬ

おれは
たはけた變人で
だが「眞實」の狩人だ

魔女よ
靴下とれ
足を　臍を見せろ

마녀

어느 젊고 아름다운 요괴 같은 여자가
순간에 죽고 순간에 부활하는 그런
신비스러운 신령술의 비법을
나에게 전수해 주었다 그리고는 며칠간 사바트*에 다녀오더니
그녀는 빗자루를 타고 어디론가 사라졌네

魔女

さる年若く美しきあやかしの女は
瞬間に死に瞬間に復活する　かの
摩訶不思議なる靈術の秘技を
予に授けた　かかる幾日かのサバトの後に

* 사바트(Sabbath) : 마녀들이 악마를 숭배하기 위해 모이는 집회.

彼女は箒に跨がつて行方も知れず

속담

환상은 도망가고
진실은 쓰다

여자의 정은 거짓
남자의 원망은 사실

달콤한 것도 좋지만
뒷맛이 중요하다

바람둥이 여자에게 미혹되지 말고
다른 여자와는 정을 통하지 말라

諺

まぼろしは逃げる
まことは苦い

女の情はうそ
男の恨は事實

甘つたるいもいいが
後口が大事

浮氣女に迷はざれ
他の女にもの言ふな

사랑의 결산

사랑의 결산은 어려운 법
주관적인 계산기를 꺼내서는
어처구니없는 규모의 차이를
진지한 얼굴로 우겨 댄다

戀の決算

戀の決算は難物だ
主観の算盤をもち出して
とんだ桁違ひを
眞顔で言ひ張る

나는 사랑한다

과거를 슬퍼하는 여자
미래를 노래하는 젊은이
솔직한 연적
겸손한 아내
여러분 선언하지요
이 모든 사람들을
나는 사랑합니다

僕は愛する

過去を泣く女
未來を歌ふ若者
あけすけな戀敵
つつましい妻
諸君よ　宣言する
これらの者を
僕は愛する

여자에 대해 논하다

여자를 때려서는 안 된다 비록 그것이 꽃일지라도
따위의 이런 달콤한 말을 해서는 안 된다
장화나 채찍으로 때리는 건 괜찮다
하지만 진실로 찌르는 것은
이건 조금 생각할 문제다
그 이유는 얼마 전 내가
눈물로 사람을 속인다는 소문이 난 여자에게
나는 그 술수에 넘어가지 않는다고 하자
그녀가 피식 웃고는 도망쳤기 때문이다…

女を論ず

女を打つ勿れ　たとひ花ででも
などと甘いことを言つてはならぬ
長靴ででも鞭ででも打つていい
だが眞實でつつ突くのは
これはいささか考へものだ

といふわけは　ついこの程のこと吾輩が
泣いてだますといふ噂の女に
おれはその手には乗らないよといふと
彼女は笑つて逃げてしまつた……

한담반일(閑談半日)

술, 노래, 담배 그리고 여자

—미타의 학생 시절을 노래하는 노래

위커스 홀의 현관에
활짝 핀 능소화
감상적이라 좋았는데
지금도 시들지 않고 남아 있을까

가을은 맑게 개고
시나가와만의 바다 끝
나는 스스로 나무 울타리에
기대어 바라보았지만

한 그루 은행나무 잎은 시들어
정원을 덮고 흩어지면
겨울 시험이 가까워지네
한 구절도 풀지 못한 프랑스어

젊었던 스무 살의 쯤이었던가
6년 정도를 오가면서도
술, 노래, 담배, 그리고 여자
그것 말곤 배운 것도 없고

고초, 슈코쓰, 가오루
가후의 얼굴을 보는 것은
차츰 우리를 격려하고
좋은 가르침이 되었을 뿐

우리를 손가락질하며 한탄하던
사람들을 곁눈질로 깔보며
새로운 시대의 별이라고
교만했던 나였다

젊었던 스무 살은 꿈같이
마흔이 가까운 나이가 되었네
사람들이 묻는 대로 답하며
미타의 시절을 그리워하네

酒、歌、煙草、また女

——三田の學生時代を唄へる歌

ヰッカス・ホールの玄關に
咲きまつはつた凌霄花
感傷的でよかつたが
今も枯れずに殘れりや

秋はさやかに晴れわたる
品川灣の海のはて
自分自身は木柵に
よりかかりつつ眺めたが

ひともと銀杏葉は枯れて
庭を埋めて散りしけば
冬の試驗も近づきぬ
一句も解けずフランス語

若き二十のころなれや
六年がほどはかよひしも

酒、歌、煙草、また女
外に學びしこともなし

孤蝶、秋骨、はた薫
荷風が顔を見ることが
やがて我等をはげまして
よき教ともなりしのみ

我等を指してなげきたる
人を尻目に見おろして
新らしき世の星なりと
おもひ傲れるわれなりき

若き二十は夢にして
四十路に近く身はなりぬ
人問ふままにこたへつつ
三田の時代を慕ふかな

아버지의 무릎에 기대다

무사시노의 한쪽 끝 작은 언덕에
샘물이 솟아나는 곳이 있고
무수히 많은 살구나무가 심겨 있다
아버지와 아이가 다정하게 살아가는
환상 속의 살구꽃 마을은
즐겁기도 하구나

家大人の膝下に寄す

武蔵野の片ほとりなる片丘に
湧き出づる泉もありて
杏の樹あまた植ゑつつ
父と子とむつみて住まむ
まぼろしの杏花村舎の
たのしくもあるか

유카와강 온천 풍경

어떤 이가 유카와강 포구에 이름을 지어 주라고 했을 때 그 대답으로 하늘 아래 많은 바다 중에서 그리 특별하지도 않은 곳에 이름만은 축복받은 듯이 아름다운 곳이 많지만 이 좋은 포구에 지금껏 이름이 없었다고 듣고 보니 오히려 이름을 붙이지 않는 것이 운치가 있는 듯하다 운치 포구라고 부른다면 좋겠다

詩境湯川溫泉

ある人湯川の入江のために名づけよと言ひ越しける時答へて天が下の浦〻のさほどにもあらぬに名のみはいつめでたげなるさはなるがなかにこのよき入江はいままで名もあらざりしとなんききければなかなかに　名のらざるこそ　ゆかしけれゆかし潟とも　呼ばば呼ばまし

고향을 그리는 5월의 노래

먼지에 뒤덮인 가로수에
슬픈 5월이 찾아왔다
돌이 깔린 도시의 거리를 걸으며
그리운 것은 내 고향이여
아름다운 기노쿠니
무로의 산과 바다여
여름 귤이 풍성하게 열리고
귤꽃 핀 사잇길에
고운 소리로 우는 두견새여
조심히 그 아름다운 꽃을 흩뜨리지 말아 다오
아침 이슬처럼 젊은 날의
나의 꿈이여
그곳에 안개가 깔리고
아침 구름일까 고향을 그리는
내 마음이야말로
그곳에 일렁인다
하늘은 푸르고 산도 푸르고 바다도 푸르며

햇빛이 눈부시게 빛나니
남국의 5월 맑은 날씨는 풍요롭구나
마음도 가벼워져 기쁘다
바다의 먼 풍경을 바라보며
오르내리는 산길은
삼나무, 편백나무, 녹나무 새싹들이
꽃보다 더 진한 향으로
아름다운 나무 향기가 피어나네
오르는 길은 굽이치고
조용히 피어오르는 연기는
마치 향로의 연기와도 같구나
나무꾼이 남겨 둔
소박한 시골 잎담배 연기
동백나무 잎은 타서 떨어지고
옛날 제왕들도 지나갔던
산등성이 길은 끝이 없고
그저 아무 목적도 없이
지나갈 곳은 아니기에
눈을 들어 바라보고
옛날을 그리워하며

무심코 산을 내려갔다
노래만 무성한 세상을 벗어나 작은 섬에
일렁이는 파도를 보면
거친 해안가를 더듬어 찾아
붉은 칠한 배의 그림자 드리운 곳에
젊은이들이 쉬고 있다면
바닷가 고래잡이 배 이야기도 들을 수 있을 것이네
한편으로는
또 듣자
해변에 무성한 문주란의 군락은 어디쯤인가
자 가거라
오늘 마음껏 즐긴 추억으로
거친 바다의 겹겹 물길을 따라 흘러오는
온갖 종류의 조개껍질을 모아
노래에 담아
도시의 아이들에게 보내고 싶구나

望郷五月歌

塵まみれなる街路樹に
哀れなる五月來にけり
石だたみ都大路を歩みつつ
戀しきや何ぞわが古郷
あさもよし紀の國の
牟婁の海山
夏みかんたわわに實り
橘の花さくなべに
とよもして啼くほととぎす
心してな散らしそかのよき花を
朝露か若かりし日の
わが夢ぞ
そこに狹霧らふ
朝雲か望郷の
わが心こそ
そこにいさよへ
空靑し山靑し海靑し
日はかがやかに
南國の五月晴こそゆたかなれ
心も輕くうれしきに

海の原見迥かさんと
のぼり行く山邊の道は
杉檜樟の芽吹きの
花よりもいみじく匂ひ
かぐはしき木の香薫じて
のぼり行く路いくまがり
しづかにも登る煙の
見まがふや香爐の煙
山樵が吸ひのこしたる
鄙ぶりの山の煙草の
椿の葉焦げて落ちたり
古の帝王たちも通はせし
尾の上の道は果てを無み
ただつれづれに
通ふべききはにあらねば
目を上げてただに望みて
いそのかみふるき昔をしのびつつ
そぞろにも山を下りぬ
歌まくら塵の世をはなれ小島に
立ち騒ぐ波もや見むと
辿り行く荒磯石原
丹塗舟影濃きあたり

若者の憩へるあらば
海の幸鯨捕る船の話も聞くべかり
且つは問へ
浦の浜木綿幾重なすあたり何處と
いざさらば
心ゆく今日のかたみに
荒海の八重の潮路を運ばれて
流れよる千種百種
貝がらの數を集めて歌にそへ
贈らばや都の子等に

작은 정원의 노래(小園歌)

작은 정원의 노래

정원은 푸른 잎으로 변했다
자 이 흙무더기 위에 앉아
천천히 우리 정원의
풍취를 어디에서 찾아볼까

겹겹이 피어난 등나무, 희귀한 품종이지만
꽃의 무게 덕에 빨리 떨어진다
벚나무 가지는 송충이의 둥지
마치 사랑의 흔적처럼 남았구나

초여름 햇살이
동백나무 어린잎에 비쳐
젊었던 날의 감정이
눈부시게 떠오른다

내 턱에서 자라는 이끼는
점점 더 하얗게 변해 가고

구름에 솟아오르는 장대한 기상의
오래된 느티나무는 썩어 간다

우물은 깊어 열다섯 길
최근에도 줄이 끊어져
한쪽을 떨어뜨리고 말았지만
두레박은 결국 찾지 못했다

찢어지고 초라하며 시시한
가을의 정취를 사랑하려고
파초를 심었더니 열매가 맺혀
바나나 나무라 해도 상관이 없다

세상의 아내들이여 조심하라
정이 지나치면 귀찮아지는 법
저 인동초는 사계절 내내 피는데
색은 붉지만 향기는 없구나

치자꽃, 수국, 백일홍
능소화, 수련

덩굴과 무성한 붉은 장미
사랑의 기념으로 심었을까

아니 엉망인 글을 팔고
후회의 기념으로 심은 나무라네
내가 모자란 문장을
꽃으로 피워 내는 요술이지

해시계 주위
둥근 돌이 깔린 길
생각에 잠겨 빙빙 돌면서
천 리 길을 갈 계획이다

이렇게 천 리 길을 걸으며
자귀나무 큰 가지 너머로
만 리 하늘을 바라볼 뿐
이렇게 사람은 늙어 가는 법이다.

小園歌

庭は青葉になりました
まあこの墩に腰をかけ
さておもむろにわが庭の
風情をどこに求めよう

八重に咲く藤、珍種だが
花の重さで早くちる
櫻の枝は毛蟲の巣
さながら戀のあと口だ

夏のはじめの日の光り
椿若葉に照りかへし
若かりし日の感情は
まぶしいほどに思はれる

わがおとがひにむす苔の
いよいよ白くなりまさり
雲にそびゆる壯心の
古木の梧は朽ちかかり

井戸は深いよ十五尋
ついこの程も繩が切れ
片方落してしまつたが
つるべはついぞ拾へない

破れてわびしく味氣なの
秋のあはれを愛せんと
芭蕉を植ゑたら實がなつて
バナナの木とは曲もなし

世の女房よこころせよ
情もすぎるとうるさいよ
あの忍冬は四季咲きだ
色は赤いがにほひなし

くちなしあぢさゐ百日紅
のうぜんかづらひつじ草
蔓と茂れる紅い薔薇
戀のかたみに植ゑたのか

いやいやまづい文を賣り
悔のかたみに植ゑる木だ

わがだらしない文章を
花と咲かせる妖術だ

日時計のぐるり
圓環の石だたみ
思ひ屈してくるくると
千里の道のつもりです

かかる千里の道を行き
合歡の大樹の枝ごしに
萬里の天を見るばかり
かうし人は老いるのです。

참빗살나무 선집(まゆみ抄)

나무 아래 돌 위의 노래

—마을은 지쿠마강 상류의 유카와강 근처에 있고
물가에 내가 좋아하는 거대한 바위가
떨어진 곳이 있다—

돌아오지 않겠다고 말한 적 없지만
화창하던 도시는 없고 불에 타 황폐해진 곳
검은 밤 암시장에서
명성을 좇을 힘이 없으니
시나노의 아사마 계곡
산골짜기를 돌아다니네
소용돌이치며 떨어져
흐르는 물이
바위에 닿아
고여 흐르는 여울에
그림자를 비추네
향기로운 등나무와 진달래
산괴불주머니와 황매화

인동꽃은 꽃받침이 많은 꽃
아침에 유난히 피고 변하고
보고 싶은 풍경을 질리도록 바라보고
모래섬에서 물새 발자국을 찾으며
붉은 돌 바위에 누워
하루 종일
바람이 불어도 흔들리지 않고
산그늘의 봄을 아쉬워하며
작은 새들의 울음을 듣고
흘러가는 물결을 즐기며
세상과 등 돌리고 사람을 싫어하고
산사람으로 살고 싶어 하네
백발이 된 노인처럼
내 마음 나조차 알지 못하네

樹下石上の歌

——村は千曲の上流湯川に近く

水邊にわが好める巨巖の落

落たるところあり——

かへらずと　わが云はなくに
麗日さす都はあらで　燒けほろび
ぬば玉の闇屋の市に
名を追はん力なければ
信濃なる淺間がたけの
山おもてはざませばまり
落ちたぎち
ながるる水の
岩に觸り
よどめる淀に
影うつし
にほへる花の藤つづじ
こなしやまぶき
すひかづらはた蕁の花
朝にけに咲きてうつらふ
おもしろのながめ飽かなく
州の沙に水禽の足あとたづね
赤石の巖に伏して
日もすがら
風につれなき

山かげの春を惜しみて
百千鳥啼く音をしたひ
ゆく水のあやをたのしみ
世にそむき人を厭ひて
山びととならんとすらむ
髪白く翁さびたる
わがこころわれも知らなく

아사마의 분화를 보고

이 분화는 7월 6일에 일어났다. 한 달 후에 더 큰 분화가 있었으나 당시 도가쿠시 여행에서 돌아오며 차 안에서 그날 오전의 일을 사람들에게 들었을 뿐, 이를 직접 보지는 못했다.

돌풍처럼
지진처럼
문과 창을 흔들며
큰 소리로
울분을 토해 내고
나를 밖으로 내보낸다
밖으로 달려 나가
그저 구름만을 바라보며 맨주먹
하늘에 번쩍 쳐들어 휘두르고
무언가 있는 구름 속에 혼자 중얼거리며 크게 웃는다
한 번만으로는 부족하여
두 번 세 번 여러 번 계속하여

아사마여 주먹을 높이 들고
너는 무엇에 분노하는가
잘못된 자유 때문인가
스스로 멸망하는 민족 때문인가
아무것도 모르는 채 그저 바라보는 나는
오래된 솜 낡은 솜 더러워진 솜처럼 아사마의 내장들이 풀어지고 뒤집어지고
불길한 구름이 하늘에 세 번 장엄하게 피어오르고
이윽고 구름이 흩어지고 푸른 폭풍우가 일어나
듣자니 그날 저녁, 산은 조용하고 기이할 정도로 점잖았다고 한다.

淺間の噴火を見て

この噴火は七月六日。後一月また更に大噴火ありして、折から戸隠旅行の歸途車中其の日の午前の出來事として人の語るのを聞き、これは見ない。

突風の如く

地震の如く
戸障子をゆすぶり
一喝して
鬱屈を吐き
我を外に追ひやる
外に驅け出でて
唯見るにぎりこぶしの雲
空に大きくふりかざし
者あり雲中にひとり呟き哄笑す
一たびにして足らず
二たび三たびあまたたび
淺間よ拳をあげて
汝何をか憤る
誤られたる自由をか
自ら亡び行く民をか
知らず唯見る我は
古綿のぼろ綿のよごれ綿の淺間の腸のあまたときほぐされ打ちかへされて
妖雲空に三度いみじきを
やがて雲散じゆきて青嵐起り
聞くこの夕、山は靜かにをかしいほどつんとすましてゐたと。

도가쿠시

—정해년 새 가을 그곳에 놀러 가서—

산골 마을은 바다를 잊고 구름 속에 잠기고
가을 풀 향기는 멀리까지 퍼지네
수레는 구불거리며 힘들게 오르고
삼밭에 부는 바람은 상쾌하다.

가을이 시작된 지 벌써 며칠
이 고원 지대의 억새 숲에는
옥잠화는 시들어 가고
원추리꽃은 이슬을 머금어
자주색 짙은 메꽃의 가지 끝은 시들어 가지만
백로는 늙음을 모르고 노래를 부른다.
늙은 시인인 나의 친구가 사는 고시노쿠니로 이어지는 길가에서
안개가 걷히면 이어진 봉우리들은 말라 바위가 솟아 있고

밤은 태고의 모습처럼 별도 없었다.
촉촉한 눈동자 열아홉 살이었나 조용한 발소리의
처녀는 하얗고 메밀은 검다 도가쿠의 암자
정원에 참빗살나무 열매가 붉어지고
그것을 쪼아 먹으려 검은지빠귀는 매일 찾아온다.
도가쿠시의 큰 바위가 험하고 가을은 맑다

戸隱

——丁亥の新秋その地に遊びて——

山里は海を忘れて雲に入り
秋草にほふ五千尺
車はうねりあへぎ來て
麻生に風はめでたし。

秋立ちてはや幾日
この高原の萱叢に
玉簪花はしぼみ衰へて
藪萱草の花露けく

臙脂濃き晝顔の末枯ゆけど
鶯の老をも知らで歌ふなり
老詩生わが友が住む越の國につづく道の邊
狹霧晴れゆけば連峯は痩せて岩根こごしく
夜は太古に似て星あらざけし。
眸うるほひて十九とかや足音しづかに
娘子は白く蕎麥は黑し戸隱の坊
庭に檀の實の赤らみそめしを
啄むと黑つぐみの日毎に訪れて。
戸隱の岩根こごしく秋晴れぬ

서정신집(抒情新集)

서시

책상 위에 놓인 나의 시는
옛 향기를 그리워하지만
좀 벌레를 닮지 않기를 바라네

베개 위에 놓인 나의 시는
꿈을 품은 밤마다
베개의 먼지로 여겨지리라

걸음 위에 놓인 나의 시는
아침 이슬 머금은 길가의 풀밭
작은 풀꽃이라도 닮기를 바라네

序詩

机上に成れるわが詩は
古き香を慕へども

紙魚にな似そと願ふなる

枕上に成るわが詩は
夢を孕める夜な夜なの
枕の塵とおもへかし

歩上に成れるわが詩は
朝露けき道芝の
小草の花にせめて似よ

지난 일에 대한 그리움

젊을 때 내가 본 어른들은
차례로 세상을 떠나셨고
내 머리카락은 하얗게 변해 가네
내 일이 이루어지지도 않았는데

젊을 때 내가 본 아이들은
이제 갓난아이를 돌보고 사랑하며
갓난아이는 어린이가 되고
수줍은 소녀가 되어 가네

젊은 시절에는 가득했던 항아리의
맛있는 술은 날로 줄어들고
언제 이렇게 사라져 버렸나
언제 그날이 다 끝난다고 했었나

古意

若くしてわが見し大人は
つぎつぎに身まかり給ひ
わが髪ぞ白くなりゆく
わが業の成らんともせで

わかくしてわが見し子らは
みどり子を守りて愛でたし
みどり子は童となりて
女の童をとめさびつつ

わかき日は満てりし甕の
うましざけ日にけにとぼし
いつとてか失せにしものぞ
いつの日に盡き果つとてか

늙은이의 노래

내 젊은 시절 세상을
소녀 같은 마음으로 품었으나
시간이 흘러서는 눈썹을 치켜뜨고
용맹하다 칭송받으며
나라의 번영을 노래하고 있었네.

내 나이 들어 세상을
여전히 소녀 같은 마음으로 품으면서도
시간이 흘러 남몰래
눈물을 흘리고 있네
거칠었던 노래여 지금 어디에 있나.

나라가 번성할 때 사람이 되고
나라가 쇠퇴하며 늙어 가네
사쿠* 마을을 떠도는 생활을
혹시라도 물어보는 이가 있다면
구름처럼 아름답다고 대답하리라.

老殘歌

われ若くして天地を
をとめ心をたたへしが
また時ありて眉をあげ
ますらをぶりとはやされて
國をふれひの歌ありき。

われ老いぬれば天地を
をとめ心をたたへつつ
また時ありて人知れず
むせぶなみだはあるものを
はげしき歌よ今いづこ。

國のさかりに人となり
國おとろへて老となる

* 예전의 시나노에 있던 군의 이름.

佐久の郡の漂泊を
わくらばに問ふ人あらば
雲うるはしと答へまし。

이른 봄날의 소식
서문과 함께

서문

100일이 넘도록 찾아가지 않은 사람에게 짙게 드리워진 구름이 길을 막아 산을 볼 수 없고 마음은 괴롭고 아침저녁 바람 소리조차 쓸쓸한데 소식을 전해 주기를 바라는 말씀이 있어 답장을 드리니,

들판도 산도 길도 끊기고
멈추지 않는 깊은 눈보라
잠들지 못하는 베개에 드나드는
흐느끼듯 흐르는 시냇물 소리에
당신을 생각하며

아침저녁으로
당신이 계신 곳을
헤매는

쓸쓸한 바람을 나라고 알지 못하는 것일까

春寒消息
竝に序

序

百日あまり訪はざりし人のもとより雲ふかく閉して目路の山々を見えず心うたてく朝夕の風の音さへわびしきに便り聞かせ給へとありければ返しに、

野も山も　道絶えて
とざされぬ　深雪ふり
いねがての　枕にかよふ
瀬にむせぶ　せせらぎを
君とおもふを

朝夕に
君があたりを
さまよへる
さびしき風を　我と知らずや

산중망향곡

사쿠군의 초라한 곳에
네 번의 봄이 돌아왔다
사쿠의 4월은 봄이 깊지 않고
산에 쌓인 눈이 다 녹은 후에
뽕밭은 춥고 멧새는 울고 있다

고향이 더욱 그리워
노스탤지어의 멧새가 울고
이제 고향에는 동백꽃이 피고
정원에서 작은 거문고를 울리며
연보랏빛 파도가 일렁이네

파도의 선율에 이끌려
휘파람새가 울 수 있는 언덕 가까이
잡초가 아무리 자라나더라도
조상 대대로 이어져 온 정원이 있고
햇빛은 맑게 비추고 있네

山中望鄕曲

佐久の郡のうらぶれに
四度の春はめぐり來ぬ
佐久の四月は春あさく
群山の雪消えがてに
桑原さむく頬白啼く

ふるさといとど戀しきに
のすたるじやの頬白啼く
今ふるさとは椿さき
庭の小琴をかなでつつ
わかむらさきに潮湧く

潮のしらべにあくがれて
うぐひす啼ける丘ちかく
醜草いかに生うるとも
父祖十代の園生あり
日はきららかに照るものを

탄생

—성장의 순간을 기다리며 다케다 나가오* 군에게 바친다. 네가 태어나던 무렵에 지은 글이기 때문이다—

사람들은 모두 한결같이 태어나는 이를 기다리고 기뻐하지만

아이를 낳는 이의 고통과 태어나는 이의 고뇌는 몇 사람이나 알까.

어머니가 뱀처럼 몸부림치고 여우처럼 신음할 때
생과 사의 전쟁 속에서 피를 흘리며 태어난다.
낳는 이와 태어나는 이 외에는 창조주만이 알리라
이를 아는 일이 너무도 애절하기에
태어난 이를 축복하는 마음도 더욱 깊어지리라
그러므로 땅에 위대한 존재가 태어날 때

* 다니자키 준이치로(谷崎潤一郎)의 손자.

예를 들면 마리아의 아들이나 마야의 아들처럼
길게 놓인 구름에서 빛이 비치며
새로운 별이 깨어나며 반짝인다
박사들은 그를 칭송하며 구유로 이끌고
어머니 대지는 기쁨이 넘쳐
일곱 번 땅을 흔드는 지진이 일어나며
어린아이는 이에 응답하고 미소 지으며 하늘을 가리키고 땅을 가리켜
그 사명의 깨우침을 하늘과 땅에 맹세하였다

誕生

——その成長を待ちて竹田長男に與へんとす。汝が誕生の頃の作なれば——

人は皆ひたすらに生まるる者を待ち喜べど
生む者の苦生まるる者の悩みは幾人か知る。
母は蛇となりてもだえ豺となりて呻く時
生と死との戰のただなかに血路を見出でて生まる。
生む者と生まるる者との外は造物爺のみぞ知る

これを知る事いと切なればこそ
生れ出でし者をことほぐ心もいや深きなれ
されば地に大なる者の生れ出づるや
たとへばマリヤの子や摩耶の子や
たなびく螢光の雲間より
新らしき星は目ざめまばたき
博士たちをめでたき槽櫪にみちびき來り
はた母なる大地は歡びあふれて
七たび地震を身ぶるひする時
みどり子はこれに答へてにこやかに天を指し地を示し
そが使命の自覺を天地に誓へりとなり

저녁 산책

봄이 저물 무렵 저녁달의
그림자와 친숙해지고
사라져 가는 안개 속을 헤매노라면
모내기 한 논두렁에서 개구리 울고
그리운 사람을 기다리는 듯
숨 헐떡이며 분주하게
비탈길을 오르면 문이 있다
조금 기울어진 그 담장에
흰 등나무가 얽히며 어스름이 머무른다
ㅡ당신에게 물듭니다.

夕方の散歩

春くれ方を夕月の
かげを親しみ　ほのかなる
消えゆくもやにさまよへば

苗代の畔　蛙啼き
戀しき人のまつごとく
息を切らしてせかせかと
坂をのぼれば門ありて
少しかたむくその垣根
白藤からみ暮れなづむ
——貴に染みらに。

여름 하늘을 노래하다

여름 하늘은 봄가을 하늘과 달라
생명이 넘치고 힘이 가득해
웅장하고 미묘한 여름 하늘은
바다보다 푸르고 풍부하네

반 고흐가 성스럽게
사랑에 미친 환상의
빛의 비가 눈부시네
타오르는 여름 하늘의 뜨거움

사랑이 지나쳐 생긴 증오인가
펄럭이는 신을 숨긴
소나기구름의 갑작스러운 광란
하늘의 날개옷 무지개의 조각

묘하게 조화를 이루며
여름 하늘은 풍성하고

물과 불이 번갈아 쏟아지며
대지에 축복을 베풀며 군림하네.

夏の空を歌へる

こは春秋の空ならず
命あふれて力満つ
壮麗微妙の夏の空
海より青くまた富めり

ヴアン・ゴオグが聖くも
愛に狂へる幻想の
光の雨の目くるめき
燃えてぞ暑き夏の空

愛の過剰の憎しみか
はためく神を潜めたる
入道雲の俄荒れ
天の羽衣　虹の缺片

妙にえならぬ調和もて
夏の空こそゆたかなれ
水火交々降りそそぎ
大地に恵み君臨す。

조개껍데기

큰 바다에서 태어나
작은 자신을 지키며
영원한 생명의 끝자락에서
남겨진 추억의 조각이 그리워

파도에 밀려 하얀 백사장에서
아이들이 주운 조개껍데기를 보면
저마다의 모습으로 변해
지난날의 삶이 애틋하게 남네

시인의 노래를 따르며
바다의 신이 이루어 낸 듯
이 또한 이 세상에서도 기쁘고
미약하지만 경이로움을 느끼네

바닷속 끝자락은 구불구불하고
여러 모양과 장식이 있고

모두 저 나름의 파도 소리를 품고 있네
누가 아코야 진주만을 아름답다 하는가

貝がら

大いなる海に生れて
小さなる己を守り
たまきはる命のきはみ
のこしたる形見のゆかし

流れ寄る白き渚に
子らが採る貝がら見れば
おのがじし形かはりて
ありし日の營みあはれ

詩人の詩にならひて
海洋の神やものせし
これやこの世にもめでたく
かそけくもゆゆしかりける

海底のはたは曲浦の
くさぐさに意匠はありて
潮騒を秘めざるはなし
誰ぞ賞づる阿古屋珠のみ

가을 생각

이곳저곳을 거닐다
내가 가면
치맛자락을 잡아
놓아주지 않는
길가의
가시덤불
너는 대체
내게 무엇을
호소하려는가
힘없는
나도 또한
들판 끝머리에 자라는
풀 한 포기
이슬과 서리를 맞으며
늙어 가고 있는데.

秋思

たもとほり
わがゆけば
もすそをとりて
放たざる
徑のべの
さるとりいばら
汝はそも
なにごとを
われに訴うる
力なき
われもまた
野末なる
ひともとの草
露霜に
老いゆくものを。

도쿄 비가

—나는 오랫동안 도쿄를 보지 못하고, 사람들이 말하는 것을 듣고 슬픔에 잠겨 노래한다—

보석처럼 아름다운 도시는 어제의 환상일 뿐
그것을 막을 자 없으니
마른 나뭇가지는 꺾어 버리고
불어오는 쓰쿠바 북서풍에
갈퀴덩굴 무성한 채로
불타 버린 황무지 끝 메마른 곳에
내려앉은 서리는
돌과 벽돌
고철 더미에도 차갑게 드리워지고
여러 갈래로 뻗은 큰길조차 좁아지고
음식을 나누는 임시 가건물이 모여들어
허무한 것들이야말로 향기를 피우고
소매 끝에 걸릴 듯 가까운 들판의 끝자락
햇살이 아름다운 도시라고

과연 누가 보겠는가
아아 바로 그곳에서
억새풀 같은 사람의 생명이
눈앞에서
길 위에 얼어 죽은 뼈가 아니던가

東京悲歌

——われ久しく東京を見ず、人の語るを聞きて悲しみ歌へる——

玉しきの都は昨のまぼろしの
さへぎらんものしあらねば
立枯れの枝折り碎き
吹きすさぶ筑波おろしに
八重葎しげるがままの
燒野原末枯しところ
置く霜の
石に煉瓦に
鐵くづにすさまじくして

八ちまたの大路もせまく
飲食の假屋むらがり
あぢきなものこそにほへ
たもとほりかかる野末を
麗日さす都ぞこれと
誰か見る
ああそこにして
尾花如す人の命を
まのあたり
路に凍死の骨無きや

갓난아기가 운다

갓난아기가 운다
손과 발을 떨며
붉은 얼굴
눈물이 흘러내리고
갓난아기 운다.
그 어머니는
먹을 수 있는
음식이 없어
아이를 안지 못하고
야윈 젖을 안고
어린 아기를 그저 울게 하니
어머니도 울고
갓난아기도 운다
누군가 듣는지 안 듣는지
아기가 울면 어머니도 운다.

赤子泣く

赤子なく
手足わななき
赤き顔
なみだしたたり
赤子泣く。
その母は
くらふべき
糧しならねば
子は抱かで
細乳を抱き
みどり子をただに泣かせて
おのれ泣く
赤子泣く
つかさびと聞くや聞かずや
赤子泣くそが母も泣く。

나의 시는

나의 시는
감정이 드러나기를 거부하고
관념의 노출을 싫어하며
마음을 나와 남 사이에 두고
생명을 하늘에 맡기며
봄밤의 별빛 아래에서
어렴풋한 말은 애달프다

이는 어리석은 아름다움이요
얽히고설킨 퇴폐의 말들이다
내 고향의 말은 오래된 말로
조용히 남겨져 머뭇거리며 흐르고
이는 마치 저녁 식사 때 피어나는 희미한 연기처럼
구불거리고 희미하게 구름 속으로 녹아 들어간다
이 말을 소중히 하기 위해
나의 시가 태어난 것이라면

움직이는 생명을 극진히 축복하는 친구들
이치를 추구하는 똑똑한 젊은이들
분명하게 주장하고 의기양양한
새로운 시대의 시를 쓴 시인들이여
어떻게 나를 이해할 수 있겠는가
싫어하는 것이 당연하지
참으로 성의 없는
나의 시대착오적인 시를
가지를 옮겨 다니며 꽃을 꿰는 작은 새의 변덕스러움과 같은
무익한 놀이로 여겨
업신여기고 싫어하겠지.

사람들이 나의 시를 닮지 않기를
내가 알지 못하는 새로운 내일의 말들에
마치 높은 산에서 높은 산을 나는 매처럼
힘 있는 선율을 가졌으면 좋겠다
밝고 깨끗하고 바르게.

내 생명이 이 말과 함께 있다면

내 생명은 이 말과 함께 썩어 사라질 것이다

그렇다면 그렇게 두어야지
이렇게 노래하는 이 시의 뜻을
이렇게 노래하는 나의 마음을
나의 시대착오적인 시를
100년 전의 사람들이 어찌 알겠는가
100년 후의 사람들은 과연 어찌 알겠는가
지금의 사람들조차 확실하지 않음을.

わが詩は

わが詩は
感情の流露を拒み
觀念の露出を厭ひ
そが心を自と他とのあはひに
その命を中空に托し
春の夜の星かげの
おぼろめく言の葉あはれ

こは癡呆の美はしさにして
織りみだれたる頽廢の言葉なり
わが國の言葉古りにし言葉
おほどかに云ひ殘しがちに流れいさよひ
さながらにこれは夕餉のうすげむり
うねりくねりてほのぼのと雲にとけゆく
この言葉のいとをしみのために
成り出でにしわが詩なれば

うごめく命をこよなく喜べるどち
ことわりをたのむさかしらの若人ら
したたかに云ひ据ゑてしたりげの
近つ代ぶり生めける詩人たち
いかでかわれをうべなうべき
うべ惡むらん
げにありのすさびの
わがあなくろにずむの詩を
枝うつりして花を縫ふ小鳥の氣まぐれの
益なきあそびとは
あなどり惡むらん　うべ。

人なわが詩に　ならひそ

我こそは知らね　あざらけき明日の言葉の
さながら高峯より高峯翔る鷹の
力ある調べもがな
明く浄く直に。

わが命この言葉とともにあなれば
わが命この言葉のむた朽ち滅びなん

さもあらばあれ
かく歌ふこの詩の意を
かく歌ふわが心を
わがあなくろにずむの詩を
百年前の人こそは知るらめ
百年後の人のはた知るや知らずや
今日の日の人だにもおぼつかなきを。

해 설

사토 하루오(佐藤春夫)는 일본 근대 문학가 중에서도 뛰어난 문인으로 알려져 있다. 그는 타고난 재능을 바탕으로 근면과 성실함이 성공의 필수 조건이었던 근대 사회에서 다이쇼(大正) 시대를 대표하는 시인이자 소설가 · 평론가 · 번역가 등으로서 문학의 다양한 분야에서 뚜렷한 업적을 남겼다.

시에서 비롯된 그의 문학 세계는 그의 문학의 본질을 이루는 핵심이었다. 이에 따라 한시(漢詩) · 단카(短歌) · 하이쿠(俳句) 등을 폭넓게 넘나들며 시대 의식 속에 깊이 있게 내면을 담아냈다. 본 번역서 《사토 하루오 시선》은 그의 첫 시집 《순정시집(殉情詩集)》을 시작으로 모두 아홉 권의 단행본 시집과 시문집에서 대표적인 시를 뽑아 시간의 질서에 따라 구성했다. 본 시선집을 통해 하루오의 시 세계를 총체적으로 살펴볼 수 있을 것이며 그의 예술적 의도를 면밀하게 파악할 수 있을 것이다.

서구 미학과 전통의 조화

하루오의 문학은 서구의 지성을 흡수하여 전통과 조화를 이룬 것으로 정의할 수 있다. 그의 스승 나가이 가후(永井荷風)가 전통을 받아들여 성숙한 경지에 이르렀던 것과 다니자키 준이치로(谷崎潤一郎)가 생애 중반 이후 전통 감각을 통해 작품의 독창성을 빛낸 것과 마찬가지로 하루오 역시 서구적 감각을 통해 자신만의 독자적인 세계를 구축했다.

본 시선의 1부에 수록되어 있는 〈초기 시(初期詩)〉는 하루오가 상경하여 1911년 이후 《스바루(スバル)》나 《미타문학(三田文學)》 등에 투고 시를 발표하던 정돈되지 않은 작품이 주를 이룬다. 시기적으로는 대학에 입학하기 전 요사노 뎃칸(與謝野鐵幹)과 이쿠타 조코(生田長江)에게 사사받던 때이며 나가이 가후에게 경도되어 있던 시절로 세속을 비웃는 듯한 날카로운 표현 방식과 재기 넘치는 운율이 돋보인다.

첫 시집 《순정시집(殉情詩集)》(1921)은 유년 시절부터 초기의 습작 시들을 포함하여 15년에 걸쳐 쓴 시들을 모은 것이다. 1907년 구어 자유시를 선보인 가와지 류코(川路

柳虹) 이래로 운문 문학은 신체시의 정형에서 벗어나 구어 자유시로 변모하였다. 구어 자유시는 시대적 요구에 부응한 것으로 개인적인 감성을 자유롭게 표현하고자 하는 근대의 욕구와 맞물린다.

하루오가 《순정시집》을 펴낸 1921년은 일본 근대시의 흐름 속에 낭만파가 퇴조를 이루던 시기였다. 그러나 하루오는 시단의 흐름을 거스르면서 문어 정형시를 발표하는 것으로 자신만의 시 세계를 지키고자 하였다. 그는 이 시집으로 우수에 찬 감정을 정교한 언어로 형상화했다는 평가와 함께 일본의 하이네(Heine)라 존칭되었다. 이는 하루오가 문학과 현실을 바라보는 비판적 시각이 두드러졌다는 점에서 그러했다.

《나의 1922년(我が一九二二年)》(1923)은 하루오가 당시 시대적 변화와 개인적 경험을 체화한 중요한 시집으로 평가받는다. 첫 시집보다는 솔직한 감정을 드러내는 시가 많아지는데 〈가을 꽁치의 노래(秋刀魚の歌)〉는 이와 같은 경향을 잘 드러낸다. 이 시집에는 그가 시인으로 성장해 가는 과정에서 겪은 청년기의 갈등과 시대의 혼란 그리고 존재에 대한 성찰이 고스란히 담겨 있다.

하루오의 시는 일본 전통적인 시어와 서구적인 기법이

자연스럽게 조화를 이루고 있다. 이는 그의 시가 개인적인 감정에 시대성을 반영하여 사회적 · 문화적 맥락을 아우르는 공동체적 윤리에 가닿는 것에서도 발견된다.

그는 《사토 하루오 시집(佐藤春夫詩集)》(1926) 서문에서 "시를 쓰는 일이 단순한 기예나 소일거리였다면 목숨을 바쳐 시를 써 오지 않았을 것"이라 고백한다. 이에 견주기라도 하듯 이 시집에는 감정의 복잡과 존재의 본질에 대한 투시가 밀도 있게 전개된다. 〈휘파람새(うぐひす)〉, 〈늦가을 비에 보내는 서정(しぐれに寄する抒情)〉, 〈텅 빈 5월(うつろなる五月)〉과 같은 시는 이와 같은 경향을 대표한다.

《마녀(魔女)》(1931)는 하루오가 야마와키 유키(山脇ゆき)라는 여성과 만났던 계기를 통해 보름 만에 완성한 시집으로 알려져 있다. 이 시집에서 그녀는 전차를 타고 에도가와바시(江戸川橋) 다리 근처를 출몰하는 신비로운 마녀로 등장한다. 그녀를 추종하는 남성은 매혹적인 존재에 휘둘리며 비뚤어진 사랑의 길을 걷는다. 이 둘의 관계는 천국과 지옥의 경계처럼 꿈과 현실이 뒤섞인 혼란스러운 감정의 경계를 넘나드는데 이는 하이네의 〈로렐라이(Lorelei)〉를 떠올리게 한다. 하루오는 이 시집을 통해 인

간의 내면에서 벌어지는 갈등과 욕망을 그리면서 사회의 갈라진 틈을 봉합하며 존재의 한계와 세계의 무한을 병치해 놓는다.

자연의 영속성에서 체득하는 존재의 무상

《한담반일(閑談半日)》(1934)은 수필집이지만 몇 편의 시를 수록하고 있다. 여기에는 일상 속 사소한 순간들이 심도 있게 형상화되어 있다. 독자로 하여금 현실과 과거를 넘나드는 시간적 감각을 체험하게 한다거나 일상 속 순간들을 철학적 성찰로 확장하는 것이 바로 그것이다. 예컨대 〈고향을 그리는 5월의 노래(望鄕五月歌)〉는 하루오의 고향 와카야마(和歌山)현 신구(新宮)를 소재로 하고 있는데 이 시에서 그는 정제되고 품격 있는 감정으로 자연의 유한과 영속을 균형 있게 보여 준다.

《작은 정원의 노래(小園歌)》(1936)는 노다 쇼보(野田書房)에서 간행한 문학 총서 시리즈 중 제2권으로 간행된다. 그러나 이 시집은 특이하게도 시 〈작은 정원의 노래(小園歌)〉 한 편만을 싣고 있으며 한정판 150부로 출간된다. 이 시는 자연의 변화를 통해 인간의 무상함을 묘사하며 존재의 덧없음을 구체적으로 형상화한다.

시문집 《참빗살나무 선집(まゆみ抄)》(1948)은 전쟁을 피해 나가노(長野)의 깊은 산속에서 거주하던 중 간행한다. 자서(自敍)에서 그는 "산중 생활 동안 자연과 명승지를 거닐며 얻은 시문들을 엮어 낸다"라는 점을 밝히고 있는데 이 시문집은 섬세한 심리 묘사가 돋보이는 서정적인 시들로 일본의 아름다움과 현대적인 감각을 조화롭게 담아내고 있다는 평가와 함께 하루오의 후기 시 세계를 대표한다.

《서정신집(抒情新集)》(1949)은 하루오가 만년에 간행한 시집이다. 〈서시(序詩)〉에서 그는 "자신의 시가 물결처럼 자연스럽게 흐르기를 원하며 길가에 핀 작은 풀꽃처럼 소박하고 일상적인 아름다움이기를 추구한다"라고 밝히고 있다. 시 〈지난 일에 대한 그리움(古意)〉은 무상한 인간의 감정과 고독을 노래한다는 점에서 이를 잘 보여 준다.

《사토 하루오 전 시집(佐藤春夫全詩集)》(1952)은 하루오가 60세까지의 작품들 중에서 직접 골라 일부 개작하여 출간한 것이다. 이 선집으로 그는 제4회 요미우리문학상

(讀賣文學賞)을 수상한다. 서문에는 다음과 같은 시를 싣고 있다.

전 시집 앞에 쓰는 말

옛사람들은 한 수의 시를 읊으며 두 줄기의 눈물을 흘리고
또한 술을 마시며 훌륭한 시를 많이 남겼다고 한다
알지 못하는가 진주가 조개의 아픔에서 생기듯
시는 나의 불면증이 낳은 것일 뿐
밤이 깊도록 나 홀로
내 생명을 갉아먹으며 까닭 없이 시와 놀고
굶주림에 시달리듯 내 신경을 갉아먹으며
쓸모없는 서툰 시를 계속 써 왔다
이것은 나의 삶에 꼭 필요한 일이었기에
붉었던 얼굴이 백발이 될 때까지
이 같은 생애를 이미 50년 가까이 살았다
나는 내 시의 색채가 부족함을 알고
나의 재능 없음이 부끄럽기도 하지만
나에게 자부심이 있다면 그대여 보라

시의 신이 내게 깊이 깃든 것을
나의 시를 어찌 평자에게 묻겠는가
됐다, 흰 진주 같은 노래는
오직 나만이 알면 될 것이니

全詩集のはじめに自敍

古人は一吟に雙涙を流し
また斗酒食うべて名吟多なりきと
知らずや眞珠は貝の疾にして
詩はわが不眠症の賜物のみ
小夜ふけわたりてわれひとり
わが命を削りつつそぞろに詩に遊び
ものに飢ゑわが神經を食みつつ
世に用なき拙き歌書きつづけたり
そはわが生活の必要なれば
紅顔より白髪に及ぶ
かかる生涯既に五十年に近し
我はわが歌の色澤乏しきを知り
わか無才を恥づれども

私に誇る君見よや
詩神の籠の我に篤きを
わが歌はなどか判者に問はん
よし、わが白珠の歌
我し知れれば

하루오에게 시는 재능에 의해 완성되는 것이 아니라 고통과 강인한 의지에서 비롯되는 것이었다. 그는 50년 가까이 시를 쓰면서 자신의 재능이 보잘것없음을 인정하면서도 시를 창작하는 것이 본질적인 고통과 삶을 살아 내기 위해 필요했던 것이었음을 고백한다. 이를 통해 자신의 문학을 긍정적으로 인식하고 있는 하루오만의 시학을 엿볼 수 있다.

근대적 사유와 사회의 형식을 결합한 문학적 가능성

하루오가 주로 활동했던 1910년대에서 1920년대 초반의 일본 문학계에는 메이지 말기 주류를 이루던 자연주의 문학이 퇴조하고 서구를 수용하던 시기와 맞물리며 낭만주의 · 사실주의 그리고 모더니즘이 등장한다. 시라카바하(白樺派)는 이 시기 대표적 문학 흐름이었다.

하루오는 주류 미학과는 일정하게 거리를 두며 다이쇼 시대의 서구적 분위기와 개인을 중시하는 근대성을 통해 자신만의 문학적 입지를 다졌다.

그는 일본의 고전적인 시 정신과 전통적 아름다움을 계승하려 했던 것과 함께 문어 정형시가 정갈한 미감과 리듬을 가지고 있어 이를 통해 일본 문학의 전통을 잇는 것을 목표로 삼았다. 이와 같은 정체성을 통해 하루오는 정형화된 구조 안에서 고도의 상징성과 함축성을 담아내며 더욱 깊은 의미를 드러낼 수 있었으며 고유의 미와 언어적 아름다움을 성취할 수 있었다.

아쿠타가와 류노스케(芥川龍之介)는 그의 시에 대해 "그의 시정(詩情)은 무엇보다 섬세하고 아름다우며(纖婉), 어렴풋하고 신비로운 정취가 거듭된다"라고 말하며 "사토 하루오는 무엇보다 먼저 시인"이라며 하루오에 대해 존엄을 표했다.

하루오가 근대적 사유와 전통적 미학을 융합하며 시대와 사회의 형식을 문학적 가능성으로 보존하고자 한 것에 대하여 이쿠다 조코(生田長江)는 《나의 1922년(我が一九

二二年)》의 서문에서 "본성에 맞지 않는 모든 것을 벗어 버리고 모든 것을 물리쳤다. 스스로 실을 짜고, 자르고, 바느질하여 그 자신다운 비단을 걸치고 자신만의 길을 걸었다"라고 상찬한다. 이는 하루오의 시가 독자들에게 깊은 감동으로 가닿기를 진심을 다해 기리는 것이라 하겠다.

지은이에 대해

사토 하루오(佐藤春夫)는 메이지(明治) 후기부터 쇼와(昭和) 초기의 격동기를 배경으로 활동한 일본의 시인이자 소설가 · 평론가다. 와카야마현(和歌山縣) 출신으로 대대로 의사를 가업으로 이어 온 명문가에서 태어나 유복하고 자유로운 환경에서 성장했다. 아버지 도요타로(豊太郎)는 9대째 의사였으며 근대 문학을 대표하는 시인 마사오카 시키(正岡子規)에게 사사받아 교스이(鏡水)라는 호를 쓴 가인(歌人)이기도 했다. 그의 할아버지 또한 교손(鏡村)이라는 이름으로 《교손 시집(鏡村詩集)》을 남기기도 한 문인으로 대대로 문학과 예술에 관심이 깊은 집안의 분위기는 하루오에게 깊은 영향을 주었다. 어머니 마사요(政代)는 과거 기슈번(紀州藩) 출신 무사 가문의 딸로 정서적으로 따뜻하고 다정한 성품이라고 전해진다. 위로 두 명의 누나가 있고 남동생이 있는 장남으로 태어나 어머니의 각별한 애정 속에서 성장했다.

이와 같은 환경 속에 하루오는 어린 시절부터 문학에

크게 뜻을 둔 것은 아니지만 중학교에 입학한 이후부터 장래 희망에 문학가라고 쓰기 시작했고 《명성(明星)》이나 《스바루(スバル)》와 같은 문예지에 단카(短歌)와 시를 투고하기 시작한다. 1909년 요사노 뎃칸(與謝野鐵幹)과 이쿠타 조코(生田長江) 등이 참여한 문학 강연회에 우연히 단상에 올라 문학에 대한 자유로운 이야기를 하게 된 것이 허무주의와 사회주의의 선전으로 보이게 되어 와카야마현립 신구중학교(和歌山縣立新宮中學校)에서 무기정학을 받는다. 이 사건으로 중학교를 어렵게 졸업한 후 제1고(제국대학 예과)의 진학을 목표로 부모님을 설득한 뒤 상경한다. 상경한 이후에는 이쿠타 조코에게 본격적으로 사사받으며 뎃칸이 주재했던 신시샤(新詩社)에 가입해 새로운 시의 형식과 주제에 대해 깊이 있게 탐구하는 등 자신의 시 세계를 마련했다.

나가이 가후(永井荷風)를 동경하여 그가 교수로 재임 중이던 게이오기주쿠대학(慶應義塾大學) 예과 문학부에 입학한다. 가후의 문하에서 문학을 배우면서 《스바루》와 《미타문학(三田文學)》에 시를 발표하는 등 청년 문학가로서 활동을 시작한다. 이 시기 대학 동문이자 신시샤의 동인으로 만난 호리구치 다이가쿠(堀口大學)와는 평생을 이어 돈독한 우정을 나누었다. 술과 산책, 카페에서의 담소로 젊음을 함께했고 이후 50년이 넘는 세월 동안 깊은 교류를 이어 가며 하루오가 인간관계에서 충돌을 일으킬 때마다 다이가쿠는 그를 따뜻하게 감싸며 조언을 아끼지 않았다.

하루오는 아쿠타가와 류노스케(芥川龍之介)와도 격의 없는 사이였는데 두 사람은 가까운 곳에 살며 자주 왕래를 지속했다. 하루오는 이지적인 비판 정신으로 인해 종종 류노스케와 닮았다는 평가를 받기도 했지만 하루오가 감성적인데 반해 류노스케는 보다 지적이었다. 두 사람은 다니자키 준이치로(谷崎潤一郎)와도 서로 깊은 신뢰를 바탕으로 작품을 솔직하게 비평하거나 취미를 공유하는 관계였다.

하루오는 와카(和歌) · 시 · 소설 · 수필 · 평전 · 평론 · 희곡 · 아동문학에 이르기까지 다양한 장르를 넘나들며 주목할 만한 작품을 발표했다. 예술적 감각과 철학적 사유를 바탕으로 문학뿐만 아니라 문화 전반에도 관심이 높았으며 일본 근대 문학기에 많은 문인들에게 문학적 영향을 미쳤다. 이렇듯 하루오는 일본 문단에서의 영향력과 폭넓은 인맥으로 문하에 있던 많은 문인들의 수에 빗대어 제자 3

천 명(門弟三千人)이라는 별칭으로 불릴 정도였다. 다자이 오사무(太宰治), 시바타 렌자부로(柴田錬三郎), 엔도 슈사쿠(遠藤周作) 등이 이 문하에 있었다.

천성의 시인(天性の詩人)이라는 헌사답게 그는 시를 쓰기 시작한 이후로 오랫동안 습작 기간을 보내다 29세 되던 해 첫 시집 《순정시집(殉情詩集)》(1921)을 상재한다. 이 시집의 자서(自序)에서 그는 약 100편 정도의 시 중 반은 서정시이며 반은 사회 문제에 대한 것임을 밝히고 있는데 이 시집에는 고토쿠 사건(幸德事件)이라 일컫는 대역(大逆) 사건에 휘말려 사망한 부친의 친구 오이시 세이노스케(大石誠之助)를 추모하는 시를 비롯하여 사모하던 여성 지요코(千代子)에 대한 사랑의 시까지를 폭넓게 아우르고 있다.

지요코는 1921년 일본 문단을 떠들썩하게 했던 오다와라 사건(小田原事件)의 주인공으로 다니자키 준이치로와 얽힌 아내 양도 사건(細君讓渡事件)의 중심인물이었다. 하루오는 이 시기 탐미주의(Aestheticism)로 대표되는 준이치로와 친교를 맺은 뒤 그와는 평생에 걸쳐 질긴 인연을 이어 가는데 준이치로가 하루오에게 자신의 아내인 지요코를 양도하겠다고 약속했다가 번복하며 5년간 절교했던

이 사건은 개인 사이에서 일어난 일이었지만 개인의 욕망과 탐미주의를 어떻게 받아들일 것인가에 대한 논의로 확산되었다. 준이치로는 이 사건 이후 관능적 작품을 다수 집필하는 등 오다와라 사건은 그의 문학 세계에 큰 영향을 미쳤다. 하루오 역시 〈가을 꽁치의 노래(秋刀魚の歌)〉에서 지요코에 대한 실연과 그리움을 담아내며 지금까지도 많은 사랑을 받고 있다.

1930년 하루오는 지요코와 부부의 인연을 맺게 되는데 준이치로의 이혼과 하루오의 결혼이 잇달아 발표되면서 세간의 이목을 집중시켰다. 하루오는 준이치로와의 사이에서 태어난 아유코(鮎子)와 두 사람 사이에서 낳은 마사야(方哉)와 함께 가정을 이룬다.

1920년대 중・후반 다이쇼 말기부터 시작된 프롤레타리아 문학의 형성과 이에 대항하는 가와바타 야스나리(川端康成)・요코미쓰 리이치(横光利一) 등의 신감각파의 등장은 하루오의 문학을 어렵게 만들었다. 다이쇼 시대의 문학이 아쿠타가와 류노스케와 아리시마 다케오(有島武郎) 그리고 하루오처럼 개인적인 근대적 수사(修辭)로 독자를 매료했다면 다이쇼 말기부터 쇼와 시대에 걸쳐 문학적 생명력을 이어 갔던 개인주의적인 문학은 크게 위축될

수밖에 없었다. 특히 류노스케와 다케오 등은 문학뿐만이 아니라 생활 속에서도 그 영향을 깊이 받았다.

그럼에도 하루오는 자신의 문학적 입지를 바꾸지 않고 소설을 통해 인간의 존엄성과 시대의 섬세한 내면을 추구한다. 아울러 전통적이면서도 동양적인 것에 대한 관심을 보이며 이른바 중국통(支那通)으로 불리며 조선과 대만 등지를 여행한다. 그는 다수의 번역집을 간행하기도 하는데 중국 역사물 걸작 선집 《이태백(李太白)》(1924)을 현대적인 감각으로 재해석하기도 했다. 그뿐만 아니라 한시를 번역하여 《차진집(車塵集)》(1929)을 간행하거나 루쉰(魯迅)의 소설 〈고향(故鄕)〉, 〈고독자(孤獨者)〉, 〈위기(危機)〉 등을 번역하기도 한다. 그런가 하면 1937년 《쓰레즈레구사(徒然草)》와 《호조키(方丈記)》와 같은 고전 작품을 현대어로 번역한다.

1945년 하루오는 전란을 피하기 위해 나가노(長野)의 산속으로 들어가 5년간 자연과 함께 문학에 침잠한다. 시집 《사쿠의 풀피리(佐久の草笛)》(1946), 《참빗살나무 선집(まゆみ抄)》(1948), 《옥적보(玉笛譜)》(1948), 《서정신집(抒情新集)》(1949) 등은 이와 같은 집적물이다.

그의 행적은 전쟁기에 시국의 정점에 있었던 인물이라

는 점과 전통과 동양에 대한 관심이 높았다는 데 모아진다. 이는 그가 1935년 문예춘추사(文藝春秋社)에서 특파한 해군반의 일원으로 중국 화북 일대를 종군한 경험이 있다는 것이라든지 2차 세계대전 당시 문예총후(文藝銃後) 운동의 일원으로 시국 강연 여행을 하거나 말레이반도와 자바 일대의 남양 방면으로 시국 시찰에 나선 바가 있기 때문이다. 이와 같은 행적에 전후(戰後) 하루오는 민족 감정을 대표하여 이미 시작된 전쟁에서 이길 수 있도록 협력했을 뿐이라는 말로 자신의 입장을 대변한다.

변화하는 전후 문단에서 그는 지속적으로 작품을 발표한다. 이와 같은 공로로 1948년에는 일본 예술원 회원이 되고 아쿠타가와상(芥川龍之介賞)이 부활하자 전형위원으로 추대된다. 1950년에는《미타문학》의 편집 위원이 되어 문단에서 확고한 권위를 갖게 된다.

1964년 5월 6일 저녁 무렵 아사히 방송(朝日放送) 라디오 프로그램인 〈1주일 자서전(一週間自叙伝)〉을 녹음하던 중 심근경색을 일으켜 "나는 다행스럽게(私は幸いにして)…"라는 말을 남기며 쓰러진다.

교토의 지온인(知恩院)에서 장례를 치르고 그곳 묘소에 묻혔다.

지은이 연보

1892년(0세) 4월 9일 와카야마현(和歌山縣) 히가시무로군(東牟婁郡) 신구초(新宮町)(현재의 신구시)에서 부친 도요타로(豊太郎)와 모친 마사요(政代)의 장남으로 출생. 대대로 의사의 가업을 이어 온 명문 집안으로 부친이 9대째 의원을 운영하는 유복한 환경에서 성장.

1897년(5세) 12월 화재로 부친의 의원이 소실되어 현재의 신구시 시모모토마치(下本町)로 이사하고 구마노 병원(熊野醫院)을 신축함.

1898년(6세) 4월 한 해 일찍 신구제일심상소학교(新宮第一尋常小學校)에 입학.

1904년(12세) 4월 와카야마현립 신구중학교(和歌山縣立新宮中學校)에 입학. 재학 중 교우회지에 단카와 시를 투고하는 등 문학 활동에 경도되어 3학년 때 유급.

1908년(15세) 6월 《구마노실업신문(熊野實業新聞)》에 단카 여섯 수를 발표. 7월 이시카와 다쿠보쿠(石川啄木)의 추천으로 《명성(明星)》에 단카 한 수를 발표.

1910년(18세) 3월 중학교 졸업 후 상경하여 요사노 뎃칸(與謝野鐵幹)이 주재하는 신시샤(新詩社) 동인으로 활동. 호리구치 다이가쿠(堀口大學)와 친분을 맺음. 9월 나가이 가후(永井荷風)를 동경하여 게이오기주쿠대학(慶應義塾大學) 예과 문학부에 입학.

1911년(19세) 5월 《스바루(スバル)》, 《미타문학(三田文學)》 등에 창작시나 번역시를 발표하는 등 작품 활동을 이어 감.

1913년(21세) 8월 최초의 평론으로 모리 오가이(森鷗外)에 대한 비평 〈신성모독(SACRILEGE)〉을 《스바루》에 발표. 9월 게이오 대학 중퇴.

1915년(23세) 10월 그림에 흥미를 갖게 되어 〈자화상〉과 〈정물〉 유화 두 작품으로 미술 대회인 '니카텐(二科展)'에서 2년 연속 입선함.

1917년(25세) 5월 아쿠타가와 류노스케(芥川龍之介)와 친교를 맺고 다니자키 준이치로(谷崎潤一郎)와도 교우를 시작.

1919년(27세) 2월 단편집《오키누와 그 형제(お絹とその兄弟)》간행. 6월《전원의 우울(田園の憂鬱)》을 발표하며 소설가로서 성공적으로 자리매김함.

1921년(29세) 7월《순정시집(殉情詩集)》을 간행하여 시인으로도 이름을 알리며 문학적 활동 범위를 확장.

1922년(30세) 1월《도시의 우울(都会の憂鬱)》을 《부인공론(婦人公論)》에 1년간 연재. 《남방기행(南方紀行)》을 신초샤(新潮社)에서 간행.

1923년(31세) 1월《도시의 우울》단행본 간행. 2월 시문집《나의 1922년(我が一九二二年)》간행. 9월 관동대지진 이후 귀향하여 약 1년간 고향에서 생활.

1924년(32세) 3월 오다나카 다미(小田中タミ)와 결혼.

1926년(34세) 11월 평론집《다이쿠쓰 독본(退屈読本)》

간행. 2월《사토 하루오 시집(佐藤春夫詩集)》
간행.

1927년(35세) 7월 아내와 함께 중국 여행 중 아쿠타가와 류노스케의 부고를 듣고 귀국.《아쿠타가와 류노스케 전집(芥川龍之介全集)》간행 참여.

1929년(37세) 9월 번역 시집《차진집(車塵集)》간행. 호세이대학(法政大學) 예과에서 작문을 강의. 뇌일혈 발병.

1930년(38세) 6월 이혼 후 다니자키 준이치로의 전처 이시가와 지요코(石川千代子)와 8월 결혼.

1931년(39세) 9월《고동다만(古東多万)》창간. 10월 시집《마녀(魔女)》간행. 10월《사토 하루오 전집(佐藤春夫全集)》(전 3권) 간행.

1932년(40세) 10월 장남 마사야(方哉) 출생.

1934년(42세) 7월 수필집《한담반일(閑談半日)》간행.

1935년(43세) 아쿠타가와상(芥川龍之介賞)이 제정되어 심사위원으로 위촉됨.
일본문학진흥회(日本文學振興会) 이사.

1936년(44세) 3월 시선집《하루오 시초(春夫詩抄)》간행. 12월 시집《작은 정원의 노래(小園歌)》

간행.

1937년(45세) 1월 《사토 하루오 문학 독본(佐藤春夫文學読本)》 간행. 하기와라 사쿠타로(萩原朔太郎)와 함께 일본 낭만파(日本浪漫派) 동인 활동.

1938년(46세) 5월 문예춘추사(文藝春秋社) 특파원으로 중국 북부 지방을 여행 후 6월 귀국. 9월 문학자 종군 해군반 소속으로 중국 시찰 후 10월 귀국. 10월 시집 《동천홍(東天紅)》 간행.

1939년(47세) 2월 시문집 《전선시집(戰線詩集)》 간행. 전시기 문예 총후 운동에 가담하여 전지 순회 여행에 참가하거나 전쟁 찬미시 발표.

1942년(50세) 3월 부친 사망. 5월 시집 《일본송가(日本頌歌)》 간행. 6월 시선집 《지일초(遲日抄)》 간행. 7월 시집 《대동아전사 속 싱가포르초(大東亞戰史のうち昭南抄)》 간행.

1943년(51세) 2월 시집 《대동아전쟁(大東亞戰争)》 간행. 11월 말레이시아 · 자바 등 남양 일대 시찰 여행.

1944년(52세) 3월 시집 《봉공시집(奉公詩集)》 간행.

1945년(53세) 4월 전란을 피해 나가노(長野)로 이주하여 5년간 거주하며 활동을 이어 감.

1946년(54세) 9월 시집《사쿠의 풀피리(佐久の草笛)》 간행.

1948년(56세) 1월《신편 사토 하루오 시집(新編佐藤春夫詩集)》 간행. 예술원 회원으로 위촉. 4월 중국 시선집《옥적보(玉笛譜)》 간행. 11월 시문집《참빗살나무 선집(まゆみ抄)》 간행.

1949년(57세) 6월《서정신집(抒情新集)》 간행.

1950년(58세) 3월《하루오 전 시초(春夫全詩抄)》 간행.

1951년(59세)《미타문학》이 복간되어 편집위원으로 위촉됨.

1952년(60세) 10월《사토 하루오 전 시집(佐藤春夫全詩集)》 간행. 이 시집으로 이듬해 제4회 요미우리문학상(読賣文學賞) 수상.

1954년(62세) 9월 요사노 아키코(與謝野晶子)에 대한 전기 소설《아키코만다라(晶子曼陀羅)》 간행. 이 작품으로 이듬해 1월 제6회 요미우리문학상 재수상.

1956년(64세) 10월 소설《소설 다카무라

고타로상(小説高村光太郎像)》 간행.

1957년(65세) 6월 소설《소설 지에코초(小説智恵子抄)》 간행.

1960년(68세) 5월 소설《나가이 가후전(永井荷風伝)》 간행. 11월 제20회 문화훈장 서훈.

1961년(69세) 9월 잡지《봄날(春の日)》 창간.

1962년(70세) 7월 아쿠타가와상 심사위원 사임.

1963년(71세) 8월《시문반세기(詩文半世紀)》 간행. 11월《사토 하루오 문예논집(佐藤春夫文藝論集)》 간행.

1964년(72세) 5월 6일 오후 6시 15분 분쿄쿠(文京区) 자택 서재에서 아사히 방송의 라디오 프로그램 방송 예정분으로 〈1주일 자서전〉을 녹음하던 중 심근경색으로 사망. 5월 10일 장례 후 교토(京都)에 있는 지온인(知恩院)에 안장.

옮긴이에 대해

노윤지는 고려대학교 중일어문학과에서 일본 근현대 문학 박사학위를 받고 일어일문과에서 강의하고 있다.

2003년 문부과학성 초청 국비 유학생으로 동경학예대학교(東京学芸大学)에서 수학했다. 2014년 일본 종합 문예지 《구자쿠센(孔雀船)》에 한국 시와 수필을 번역했고, 2015년 대산문화재단의 외국 문학 번역 지원 사업으로 다야마 가타이(田山花袋)의 《시골선생(田舎教師)》을 번역하여 출간을 앞두고 있다. 2021년 《미키 로후 시선(三木露風詩選)》과 2023년 《무로 사이세이 시선(室生犀星詩選)》을 번역 출간했다.

주요 논문으로는 〈미키 로후(三木露風) 시 연구－상징주의 시를 중심으로－〉, 〈다이쇼 시대 대중적인 여행의 발달과 조선 공간 인식－『신일본구경(新日本見物)』을 중심으로－〉, 〈근대 전환기 조선 체험과 인식: 구니키다 돗포(國木田獨歩)의 종군기록을 중심으로〉 등이 있다.

사토 하루오 시선

지은이 사토 하루오
옮긴이 노윤지
펴낸이 박영률

초판 1쇄 펴낸날 2025년 6월 5일

커뮤니케이션북스(주)
출판등록 2007년 8월 17일 제313-2007-000166호
02880 서울시 성북구 성북로 5-11
전화 (02) 7474 001, 팩스 (02) 736 5047
전자우편 commbooks@commbooks.com
홈페이지 www.commbooks.com

지식을만드는지식은
커뮤니케이션북스(주)의 고전 출판 브랜드입니다.

ISBN 979-11-430-0365-2 03830

책값은 뒤표지에 있습니다.